한국어, 한눈에 쏙 ①

针对中国人的韩语, 一目了然

한국어, 한눈에 쏙

针对中国人的韩语, 一目了然

1

조수인 지음

赵秀仁 作

가림출판사

이 책은 체계적으로 한국어를 학습하려는 중국인들을 위해 집필한 책이다.

이 책의 특징은 어법 설명이 한국어와 중국어 두 언어로 되어 있어 한국어 능력이 충분하지 않은 사람들의 경우에도 중국어를 통하여 한국어가 어떤 성격의 언어인지를 잘 알 수 있도록 한 점이다.

그리고 한국어 어법에 대한 설명들이 요약적으로 제시되어 있고, 각 장의 뒤에는 문제와 그에 대한 풀이를 수록하였는데 이를 통해 학습자 자신이 얼마나 이해하고 있는지 알 수 있도록 하였다.

서울대학교 공과대학을 졸업하고 삼성전자 메모리 부문 사장과 삼성 모바일 디스플레이 대표를 역임한 공학도인 저자가 이와 같이 한국어 어법 책을 집필한 사실과 함께, 그 내용과 기술 방법에 있어 중국어 학습자들에게 적합한 맞춤식 교재를 집필하였다는 사실이 놀랍다.

세상에는 좋은 책도 많지만 필요에 의해 집필된 책이 가장 유용한 것인데 이 책이 그러한 책이다. 앞으로 이 책을 통하여 한국어에 가까이 다가가는 중국인 학습자들이 더 많이 나오기를 바란다.

허용(현 동국대학교 석좌 교수, 전 한국외국어대학교 교수)

这本书主要是为需要系统地学习韩国语的中国人编写的。

这本书的特点是语法说明使用了韩国语和中文两种语言,
即使韩国语水平不高的人也能通过汉语了解韩国语是什么性质的语言。
韩语语法部分不仅有简单地说明,而且在每个章节的末尾,都收录了问题和答案的详细说明,
通过这些让学习者知道自己掌握了多少。

作为毕业于首尔大学工科大学,曾担任三星电子存储器部门总经理和三星移动显示器公司代
表的工科生作者,能够编写出如此好的韩国语语法书,并且编写的是适合中国学习者的教材,
真令人惊讶。

世界上好书很多,但根据需要编写的书是最有用的,这本书就是那样的书。
希望今后通过这本书,能涌现出更多接触韩国语的中国学习者。

许龙(现 东国大学 教授, 前 韩国外国语大学 教授)

어떻게 하면 외국인에게 한국어를 쉽게 가르칠 수가 있을까?

특히, 한자어를 사용하는 중국인에게 한국어를 쉽게 배우게 하는 방법은 없을까를 고민하다가 한국어 어법 책을 쓰게 되었다.

저자가 중국어를 공부하면서 많이 고민하였던 한국어와 중국어의 차이를 염두에 두고 내용을 구성하였다.

한국어가 중국어와 무엇이 비슷하고 무엇이 다른가를 분명히 이해하고 있다면, 중국인이 한국어를 쉽게 배울 수 있는 방법을 제시할 수 있으리라 본다.

처음부터 끝까지 꾸준히 공부해 나가면 무난히 한국어 어법을 익히게 될 수 있으리라 믿는다.

아무쪼록 이 교재가 한국어 공부에 흥미를 가지고 수월하게 익혀 나가는데 도움이 되었으면 한다.

아울러 본 교재를 출판하기까지 도움을 주신 한국외국어대학교 허용 교수님, 김민영 교수님, 문화로드 이소영 교수님, 국제 한국어 교육재단 신정아 이사님, 중국어 학원 하연 선생님, 가림출판사 직원 분들을 비롯한 모든 분들께 깊은 감사의 말씀을 드린다.

2022년 1월 저자 조 수 인

序言

如何才能浅显易懂地对外国人进行韩语教学呢？

作者本人一直苦思冥想,有没有能让使用汉字的中国人更轻松学韩语的方法,从而写出这本教材来。

作者本人在学习中文时,经常把韩语和汉语有着差异的问题,都留心收集起来,于是编写了这本教材的内容。

只有明确地了解韩语和汉语有什么相似之处,有什么不同之处,才能为中国人提供更简单的学习韩语的方法。

相信只要坚持不懈地学习,总有一天会学好韩语的语法。

总之,希望这本教材能够帮助学生,并让学生兴致勃勃地学好韩语。

同时,向所有帮助我出版本教材的韩国外国语大学许龙(허용)教授,金敏永(김민영)教授,文化公路李昭映(이소영)教授,国际韩语教育财团申正娥(신정아)理事,中文学院夏妍(하연)老师以及佳林出版社的职员们都致以深深的谢意。

2022年1月 作者 赵 秀 仁

1. 본 교재는 1권, 2권으로 나누어 제1권에서는 단어를, 제2권에서는 문장을 설명하였다.

   这本教材分为两卷,第一卷说明生词,第二卷说明句子。

   제1권 단어는 모두 10장으로 각 품사별로 상세한 설명을 하였고, 제2권 문장에서는
   총 8장에 걸쳐서 문장의 유형을 상세히 설명하였다.

   第一卷生词一共十章,详细地说明了各词类,第二卷句子一共八章,
   详细地说明了句子的类型。

2. 한국어 어법을 설명하는 문장들마다 한 문장씩 중국어 번역을 달았다.

   每个韩语语法句子的说明都附有中文翻译。

   처음 한국어 어법에 익숙하지 않을 경우 중국어 번역을 중점적으로 공부하면서 한국어
   어법을 참조하도록 하였다.

   刚开始不熟悉韩语语法的时候,可以重点学习中文翻译,参考韩语语法。

   점차 어법에 익숙해지면 한국어로 된 어법을 공부할 수 있도록 구성하였다.

   渐渐地,熟悉韩语语法之后,就能用韩国语学习语法。

3. 각 장의 끝에 문제와 문제풀이에 대한 상세한 설명을 수록하였다.

   在每个章节的末尾,收录了问题和答案的详细说明。

   각 장을 공부하고 문제를 풀어 보면서 이해 정도를 점검해 볼 수 있도록 하였다.

   可以边学习各章节边解题,可以检验理解程度。

   정답 확인과 함께 이에 대한 상세한 설명을 통하여 복습을 겸할 수 있도록 하였다.

   通过确认正确答案和详细说明的学习,可以让学生做到巩固复习。

4. 본문 중에 나오는 예문들을 ①, ②, ③ – –의 숫자로 표기하였고, 이 예문들을
   암기한다면 한국어 어법을 공부하는데 많은 도움이 될 것으로 확신한다.
   　　用'①,②,③ – –'的数字,来表示课文的例句,
   　　如果背诵课文中例句的话,确信对学习韩语语法有很大帮助。

5. 추가 설명을 하거나 참조할 사항은 #을 이용하여 설명하였다.
   　　需要追加的说明或参考的事项,是用'#'来表示的。

6. 고유 명사는 [ ]를 활용하여 고유 명사임을 표기하였다.
   　　用'[ ]'来表示专有名词。

7. 사용하지 않거나 틀린 표현은 (X)로 별도로 표기하였다.
   　　用'(X)'来表示不能使用,或是错的句子。

8. 중간에 '쉬어 가기'를 넣어서 더욱 풍부한 한국어 실력을 다질 수 있도록 하였다.
   　　中间加了'小憩片刻',以便更丰富的巩固韩国语实力。
   '쉬어 가기'에는 한국어와 중국어의 표현이 다른, 자주 사용하는 단어를 수록하였다.
   　　在'小憩片刻'里收录了韩语和汉语不同表现的常用生词。

9. 2권에서의 '쉬어 가기'에는 자주 사용하는 속담을 수록하였다.
   　　在第二卷的'小憩片刻'里收录了常用的俗语。
   한국에서 자주 사용하는 속담을 내용별로 분류하여 상세한 설명과 함께 중국어로
   번역하여 수록하였다.
   　　按内容分为常用的韩国俗语,有着详细的说明,并将收录译成了中文。

차례 目录

'쉬어 가기'의 차례 '小憩片刻' 目录

#'쉬어 가기'는 읽지 않고 그냥 건너뛰어도 무방하다.

　#不想阅读'小憩片刻'就跳过去,也是可以的.

단, 1) '한국어의 문자'와 7) '모음 조화'는 그 다음 장을 학습하기 전에 읽어보는 것이 좋다.

　　但是,在学习下一章之前阅读一遍 1)'韩语的文字'和 7)'母音和谐'是最好的.

제1장

품사와 문장 성분 词类与句子成分

 품사의 종류 词类的种类

품사란 단어를 의미와 기능에 따라 구분한 것을 말하며
　词类是按生词的意义和功能,来分类的,
품사의 종류는 모두 9개로 구분되는데
　词类共分为9种,
이는 **명사, 대명사, 수사, 동사, 형용사, 관형사, 부사, 조사, 감탄사**이다.
　为**名词,代词,数词,动词,形容词,冠词,副词,助词,感叹词**。

🐼 명사 : 사물의 이름이나 추상적인 개념을 가리키는 품사이다.
　名词 : 表示人或事物名称及抽象概念的词,
　예 (例子) : 학생(学生), 회사(公司), 강남역[江南站], 공부(学习), 마리(只) 等

🐼 대명사 : 명사를 대신하는 품사이다.
　代词 : 代指人或事物名称的词。
　예 (例子) : 나(我), 너(你), 우리(我们), 이(这), 여기(这儿)

🐼 수사 : 수량이나 순서를 나타내는 품사이다.
　数词 : 表示人或事物数量和顺序的词。
　예 (例子) : 하나(一), 둘(二), 첫째(第一), 둘째(第二)

🐼 조사 : 명사, 대명사, 수사 등과 결합하여 문장 내에서 그 역할을 명확하게 해주고
　　의미를 도와 주는 품사이다.
　　助词 : 在名词,代词,数词等的后面,表示句法关系或添加意义的词。
　　예 (例子) : ～가, ～이, ～를, ～을

🐼 관형사 : 명사, 대명사, 수사를 꾸며 주는 역할을 하는 품사이다.
　　冠词 : 用在名词,代词及数词的前面,修饰名词,代词及数词的词。

예 (例子) : 새(新), 헌(旧), 이(这), 그(那)

🐼 **부사** : 동사, 형용사 또는 문장 전체를 수식하는 품사이다.

副词 : 用于修饰动词,形容词或者全句的词。

예 (例子) : 잘(很好), 겨우(好不容易), 제발(千万), 확실히(确实地)

🐼 **감탄사** : 말하는 사람의 느낌, 감정 또는 부름 등을 표현하는 품사이다.

感叹词 : 表示说话人的感情,呼唤和应答的词。

예 (例子) : 하하(呵呵), 후유(唉), 어라(哎)

🐼 **동사** : 동작을 나타내는 품사이다.

动词 : 表示行为,动作或状态变化的词。

예 (例子) : 먹다(吃), 입다(穿), 가다(去) 等

🐼 **형용사** : 사물의 성질이나 상태, 상황을 나타내는 품사이다.

形容词 : 表示人或事物的性质和状态的词。

예 (例子) : 예쁘다(漂亮), 아름답다(美丽), 높다(高) 等

 # 문장 성분 句子成分

문장 성분이란 한 개의 단어 또는 한 개 이상의 단어 조합이 문장 내에서 어떠한 역할을 하는지 구분한 것이다.

句子成分是按照句子中的关系,由一个生词或一个生词以上的组合成分来分类的。

문장 성분은 7개로 구분되는데, 이는 주어, 술어, 목적어, 보어, 관형어, 부사어, 독립어 등이다.

句子成分共分为7种,为主语,谓语,宾语,补语,定语,状语,独立语。

(#참고 : 제2권 제11장)

(#参考 : 第2卷 第11章)

🐼 **주어** : 문장 내 술어가 나타내는 동작이나 상태의 주체가 되는 성분이다.

主语 : 是表示句子的主体。

예 (例子) : 철수가 온다.　　　　　　　[哲洙]来。
　　　　　　주어(主语)

　　　　　　문구점이 있다.　　　　　　有文具店。
　　　　　　주어(主语)

🐼 술어 : 문장 내에서 주어의 상황, 상태, 동작, 행위, 성질 등을 서술하는 성분이다.

　　谓语 : 是陈述主体的动作,状况,状态及性质。

　　예 (例子) : 철수가 온다.　　　　　　　　　　　　　[哲洙]来。
　　　　　　　　　　 술어(谓语)

　　　　　　　　문구점이 있다.　　　　　　　　　　　　有文具店。
　　　　　　　　　　 술어(谓语)

🐼 목적어 : 문장 내에서 동작, 행위의 대상이 되는 성분이다.

　　宾语 : 是表示谓语涉及的直接对象。

　　예 (例子) : 철수가 책을 읽는다.　　　　　　　　　　　　　　　　　[哲洙]看书。
　　　　　　　　　　　　 목적어(宾语)

🐼 보어 : '주어 + 서술어' 만으로는 뜻이 완전하지 않은 문장에서
　　　　　　보충하여 문장을 완성하게 하는 성분이다.

　　补语 : 虽然有'主语 + 谓语',但是句子的意思不完整,

　　　　　 为了句子的完整,需要一个成分,这就是补语。

　　예 (例子) : 철수가 반장이 되었다.　　　　　　　　　　[哲洙]成为了班长。
　　　　　　　　　　 보어(补语)

　　　　　　'～이 / 가 되다', '～이 / 가 아니다' 중 '～이 / 가'에 해당하는 성분이다.

　　　　　　　在 '～이 / 가 되다' 和 '～이 / 가 아니다' 中 '～이 / 가' 部分,

　　　　　　　是表示 '成为～' 或 '不是～' (什么身份或事物)。

🐼 관형어 : 주어, 목적어, 보어 앞에서 이를 수식, 한정하는 역할을 하는 문장 성분이다.

　　定语 : 是表示修饰或限定的成分。

　　예 (例子) : 철수가 어제 산 책을 읽는다.　　　　　　　　[哲洙]看昨天买的书。
　　　　　　　　　　　 관형어(定语)

　　　　　　　　'산'이 뒤의 '책'을 수식

　　　　　　　　'산'(买的)修饰后面的'책'(书)。

🐼 부사어 : 서술어를 꾸며 주거나 문장 전체를 꾸며 주는 문장 성분이다.

　　状语 : 是修饰或限定谓语的成分,也是修饰全句的成分。

　　예 (例子) : 철수는 빨리 달린다.　　　　　　　　　　[哲洙]跑得很快。
　　　　　　　　　　 부사어(状语)

　　　　　　　　아마 내일은 비가 올 거야.　　　　　　　　明天可能会下雨。
　　　　　　　　 부사어(状语)

🐼 독립어 : 문장 내에서 다른 성분과 관계없이 독립적으로 사용되는 문장 성분이다. 감탄사, 부름, 응답 등이 이에 속한다.

独立语 : 是句外成分, 比如说感叹词, 呼唤或应答.

例 (例子) : 얘들아! 이리로 와 봐라!   孩子们! 来这儿看看吧!
　　　독립어(独立语)

품사와 문장 성분 词类与句子成分

🐼 명사, 대명사, 수사 : 체언이라 하고 문장에서 주어, 목적어, 보어 역할을 한다.
名词, 代词和数词合称体词 → 在句子中起主语, 宾语和补语的作用.

🐼 동사, 형용사 : 용언이라 하고 문장에서 서술어 역할을 한다.
动词和形容词合称谓词 → 在句子中起谓语的作用.

🐼 관형사 : 수식언이라 하고 체언을 수식하는 역할을 한다.
冠词称修饰词 → 在句子中起修饰体词的作用.

🐼 부사 : 수식언이라 하고 용언이나 문장 전체를 수식하는 역할을 한다.
副词称修饰词 → 在句子中起修饰谓词或句子的作用.

🐼 조사 : 관계언이라 하고 체언의 역할을 분명하게 표시해 주는 역할을 한다.
助词称关系词 → 在句子中起决定体词的作用.

🐼 감탄사 : 독립언이라 하고 독립적인 역할을 한다.
感叹词称独立词 → 在句子中起独立的作用.

품사 词类	기능 功能	문장 성분 句子成分
명사 名词 대명사 代词 수사 数词	체언 体词	주어 主语, 목적어 宾语, 보어 补语
동사 动词 형용사 形容词	용언 谓词	서술어 谓语
조사 助词	관계언 关系词	
관형사 冠词 부사 副词	수식언 修饰词	관형어 定语 부사어 状语
감탄사 感叹词	독립언 独立词	독립어 独立语

한국어에서 조사의 역할 韩语助词的作用

체언(명사, 대명사, 수사)이 문장 안에서 주어, 목적어, 보어 등이 될 수 있는데
이에 따라 조사가 결정된다. (#참고 : 제4장 조사)
　　体词(名词,代词,数词)在句子中起主语,宾语或补语等作用,
　　根据体词在句子中起的作用,来决定助词。 (#参考 : 第4章 助词)

🐼 체언이 주어 역할을 하면 체언 뒤에 주격 조사를 붙인다.
　　　如果体词起主语作用的话,在体词的后面添加主格助词。

🐼 체언이 목적어 역할을 하면 체언 뒤에 목적격 조사를 붙인다.
　　　如果体词起宾语作用的话,在体词的后面添加宾格助词。

🐼 체언이 보어 역할을 하면 체언 뒤에 보격 조사를 붙인다.
　　　如果体词起补语作用的话,在体词的后面添加补格助词。

🐼 체언이 관형어 역할을 하면 체언 뒤에 관형격 조사를 붙인다.
　　　如果体词起定语作用的话,在体词的后面添加属格助词。

🐼 체언이 부사어 역할을 하면 체언 뒤에 부사격 조사를 붙인다.
　　　如果体词起状语作用的话,在体词的后面添加状格助词。

　# 여기에 한국어의 핵심적인 특징이 있다.

　　# 这是韩语的主要特征之一。

　– 조사를 정확히 사용했다면 단어의 위치가 바뀌어도 문장의 내용은 바뀌지 않는다.

　　　助词使用得准确的话,哪怕把生词的位置颠倒过来,句子的内容也会不变。
　　물론, 한국어에도 문장의 어순이 있으므로 단어의 순서가 바뀌면
　　표현이 어색한 경우가 있지만, 문장의 내용은 바뀌지 않는다.
　　조사로 문장 내의 주어, 목적어, 보어 등을 확인할 수 있기 때문이다.

　　　韩语的句子也有生词的顺序,所以生词顺序错的话,会有点儿奇怪,

　　　可是句子的内容却不会变。因为通过助词,可以确认句子的主语,宾语或补语等。
　　한국어는 '나는 너를 사랑한다'와 '너를 나는 사랑한다'는 뜻이 같다.

18

단어 위치가 바뀌어도 '나는'에서의 '는'과 '너를'에서의 '를'처럼

조사가 같으면 문장의 의미도 동일하다.

例如,韩语'나는 너를 사랑한다'和'너를 나는 사랑한다'意思一样,都是'我爱你'。

在两个句子中'나는'和'너를'的位置虽然调换,

但是助词('나는'的 **는** 和 '너를'的 **를**)没变,所以两个句子的意思完全一样。

이는 단어 위치가 바뀌면 의미가 바뀌는 중국어와는 다른 특징이다.

중국어에서 '我爱你'와 '你爱我'는 주어와 목적어 위치를 바뀐 문장으로 사랑하는 주체와

대상이 완전히 다른 문장이 된다.

汉语中如果把句子的位置调换过来的话,意思会完全不一样。

例如 '我爱你' 和 '你爱我' 的意思完全不一样。

한국어에서 용언의 역할 韩语谓词的作用

🐼 **용언(동사, 형용사)은 문장 안에서 서술어 역할을 한다.**

용언은 '어간 + 어미'로 나뉘어져 있는데 '어미'의 변화 활용으로 여러 형태의 문장을 표현한다.

(# 참고 : 제8장 동사, 제9장 형용사)

谓词(动词与形容词)在句子中起谓语的作用。

谓词分为'词干和词尾',用'词尾'变化来表现各种各样的句子。

(# 参考 : 第8章 动词, 第9章 形容词)

예	가다(去)
(例子)	가 – + – 다
	어간(词干) 어미(词尾)

용언의 어미 변화로 시제 즉 과거형, 현재형, 미래형을 표현하며, 긍정문, 부정문,

의문문, 명령문, 청유문, 높임형 등 여러 형태의 문장을 표현한다.　　(# 참고 : 제2권 문장)

通过谓词词尾变化来表现句子的过去时,现在时,将来时等时态,以及句子的类型,肯定句,

否定句,疑问句,命令句,劝导句,敬语等。

(# 参考 : 第2卷 句子)

예	가다(去)	가**다** (기본형)
(例子)	가 – + **다**	(基本形)
	어간(词干) 어미(词尾)	

가 -	+	ㄴ다	간다 (현재형)
어간(词干)		어미(词尾)	(现在时)
가 -	+	ㅆ다	갔다 (과거형)
어간(词干)		어미(词尾)	(过在时)
가 -	+	니?	가니? (의문문)
어간(词干)		어미(词尾)	(疑问句)
가 -	+	라	가라 (명령문)
어간(词干)		어미(词尾)	(命令句)
가 -	+	자	가자 (청유문)
어간(词干)		어미(词尾)	(劝导句)
가 -	+	세요	가세요 (높임형)
어간(词干)		어미(词尾)	(敬语)

\# 조사의 용법과 동사와 형용사의 어미 변화를 이해하는 것이 한국어 학습의 핵심이다.

\# 学习韩语时掌握助词的作用和谓词词尾的变化是非常重要。

01 다음에서 품사의 분류가 아닌 것은 어느 것인가?

下面生词中,哪个不是词类的种类?

① 명사　　　② 조사　　　③ 서술어　　　④ 감탄사
名词　　　　助词　　　　谓语　　　　　感叹词

02 다음에서 체언을 모두 고르시오.

请选出下面生词中所有的体词。

① 동사　　　② 명사　　　③ 대명사　　　④ 수사
动词　　　　名词　　　　代词　　　　　数词

03 다음에서 용언을 모두 고르시오.

请选出下面生词中所有的谓词。

① 부사　　　② 동사　　　③ 형용사　　　④ 관형사
副词　　　　动词　　　　形容词　　　　冠词

04 체언은 문장에서 주어, 목적어, 보어 등의 역할을 하는데
역할이 결정되면 이에 따라 형태가 정해지는 품사는 어느 것인가?

体词在句子中会起主语,宾语,或补语等作用,

哪个是根据体词在句子中起的作用,而被决定的词类?

① 조사　　　② 명사　　　③ 수사　　　　④ 관형사
助词　　　　名词　　　　数词　　　　　冠词

05 문장 내에서 수식하는 역할을 하는 품사는 어느 것인가?

下面词类中,哪个是起修饰作用的词类?

① 명사, 대명사　　② 수사, 관형사　　③ 관형사, 부사　　④ 부사, 감탄사
名词, 代词　　　　数词, 冠词　　　　冠词, 副词　　　　副词, 感叹词

01 ③ : 서술어는 품사가 아닌 문장 성분이다.
　　　谓语不是词类,而是句子成分。

02 ②, ③, ④ : 동사는 용언이다.
　　　动词是谓词。

03 ②, ③ : 동사, 형용사를 용언이라 한다.
　　　动词和形容词合称谓词。

04 ① : 체언(명사, 대명사, 수사)이 문장 안에서 주어, 목적어, 보어 등이
　　　될 수 있는데 이에 따라 **조사**가 결정된다.
　　　体词(名词,代词,数词)在句子中起主语,宾语或补语等作用,
　　　根据体词起的作用,来决定助词的形式。

05 ③ : 관형사, 부사는 수식언으로 관형사는 체언을 수식하고 부사는 주로 용언을 수식한다.
　　　冠词和副词都是修饰词,冠词修饰体词,副词修饰谓词。

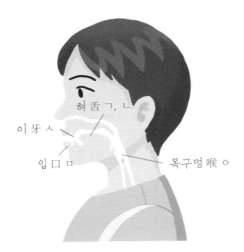

22

한국어의 문자
　韩语的文字

❖ 한국어의 문자는 자음과 모음의 조합으로 구성된다.
　　韩语的文字是由子音和母音构成的。

　자음은 소리를 내는 기관을 본떠서 그 기본자를 만들고 이 기본자에 한 획씩을 더하여 기본 자음을
만들었다.
　　子音是模仿发声器官发音时的样子作为子音的基本字,然后添加笔画,完成基本子音。
　혀, 입, 이, 목구멍 등의 형상으로 ㄱ, ㄴ, ㅁ, ㅅ, ㅇ 을 만들고
　여기에 획을 더하여 기본 14자의 자음을 만들었다.
　　子音是模仿舌,口,牙,喉咙等器官发声时的样子,而创造出 ㄱ, ㄴ, ㅁ, ㅅ, ㅇ,
　　然后再添加笔画完成基本14个字的子音。

$$ㄱ → ㅋ$$
$$ㄴ → ㄷ, ㅌ$$
$$ㅁ → ㅂ, ㅍ$$
$$ㅅ → ㅈ, ㅊ$$
$$ㅇ → ㅎ$$

기본 14자 자음 　ㄱ, ㄴ, ㄷ, ㄹ, ㅁ, ㅂ, ㅅ, ㅇ, ㅈ, ㅊ, ㅋ, ㅌ, ㅍ, ㅎ
　14个基本子音

자음은 기본 14자 + 파생 16자 모두 30자
　基本子音14个字 + 派生子音16个字 = 30个字。

기본 (基本) 　ㄱ, ㄴ, ㄷ, ㄹ, ㅁ, ㅂ, ㅅ, ㅇ, ㅈ, ㅊ, ㅋ, ㅌ, ㅍ, ㅎ
　파생 1 (派生1) 　+ ㄲ, ㄸ, ㅃ, ㅆ, ㅉ
　파생 2 (派生2) 　+ ㄳ, ㄵ, ㄶ, ㄺ, ㄻ, ㄼ, ㄽ, ㄾ, ㄿ, ㅄ, ㅀ

모음은 하늘과 땅과 사람을 형상화하여 · , ─ , ｜ 를 만들고
이를 조합하여 기본 모음 10자를 만들었다.
　　母音是模仿天,地,人的样子而创造出 · , ─ , ｜,然后再用 · , ─ , ｜
　　互相组合完成基本的10个字母音。

$$｜ \quad + \quad · \qquad → ㅏ$$
$$｜ \quad + \quad · + · → ㅑ$$
$$· \quad + \quad ｜ \qquad → ㅓ$$
$$· \quad + \quad · + ｜ → ㅕ$$
$$· \quad + \quad ─ \qquad → ㅗ$$
$$· \quad + \quad · + ─ → ㅛ$$

```
—    +    ·         → ㅜ
—    +    · + ·      → ㅠ
—
     |
```

기본 모음(基本母音) ㅏ, ㅑ, ㅓ, ㅕ, ㅗ, ㅛ, ㅜ, ㅠ, ㅡ, ㅣ

파생 11자는 위 기본 10자의 조합으로 구성된다.

　　在基本母音基础上,再派生出母音11个字。

```
ㅏ + ㅣ → ㅐ          ㅑ + ㅣ → ㅒ
ㅓ + ㅣ → ㅔ          ㅕ + ㅣ → ㅖ
ㅗ + ㅏ → ㅘ          ㅗ + ㅣ → ㅚ
ㅗ + ㅐ → ㅙ          ㅜ + ㅓ → ㅝ
ㅜ + ㅔ → ㅞ          ㅜ + ㅣ → ㅟ
ㅡ + ㅣ → ㅢ
```

모음은 기본 모음 10자에 파생 모음 11자로 모두 21자로 이루어져 있다.

　　基本母音10个字 + 派生母音11个字 = 21个字。

기본모음(基本母音)　　ㅏ, ㅑ, ㅓ, ㅕ, ㅗ, ㅛ, ㅜ, ㅠ, ㅡ, ㅣ
파생모음(派生母音) + ㅐ, ㅒ, ㅔ, ㅖ, ㅘ, ㅚ, ㅙ, ㅝ, ㅞ, ㅟ, ㅢ

❖ 모음 축약 母音合并

두 모음이 합쳐 하나의 파생 모음을 만든 원리와 같이,
두 모음을 이어 읽는 경우, 하나의 모음으로 줄여 읽게 되는 경우를 '**모음 축약**'이라 한다.

　　例如像两个母音合成一个派生母音的原理,连读两个母音时,以一个母音来读。

　　这就称为 '**모음 축약**'(母音合并)。

대표적인 모음 축약은 다음과 같다.

　　常用的'母音合并'如下。

```
ㅏ + ㅣ → ㅐ          ㅓ + ㅣ → ㅔ
ㅗ + ㅏ → ㅘ          ㅗ + ㅣ → ㅚ
ㅜ + ㅓ → ㅝ          ㅜ + ㅣ → ㅟ
ㅡ + ㅣ → ㅢ          ㅣ + ㅓ → ㅕ
ㅣ + ㅐ → ㅒ          ㅚ + ㅓ → ㅙ
```

❖ 한국어의 음절 韩语的音节

　– 음절이란 한번에 낼 수 있는 소리의 마디이다.
　　　音节是指能独立发音的语音单位。
　　　한국어에서는 한 글자, 한 글자가 한 음절이다.
　　　　在韩语中,一个字就是一个音节。

　'학교'는 '학' + '교'의 두 음절로 이루어져 있다.
　'강남역'은 '강' + '남' + '역'의 세 음절로 이루어져 있다.
　　'학교'(学校)是由两个音节 '학' 和 '교' 组成。
　　'강남역' [江南站]是由三个音节 '강' 和 '남' 和 '역' 组成。

　– 한국어 음절은 **초성, 중성, 종성**으로 이루어져 있다.
　　- 韩语的音节分成**初声,中声和终声**。

예를 들어 '학교'는　학 → ㅎ(**초성**) + ㅏ(**중성**) + ㄱ(**종성**)
　　　　　　　　　　교 → ㄱ(**초성**) + ㅛ(**중성**) 로 이루어져 있다.
　例如 '학교'(学校)　학 → ㅎ(**初声**) + ㅏ(**中声**) + ㄱ(**终声**),
　　　　　　　　　　교 → ㄱ(**初声**) + ㅛ(**中声**)。

초성과 종성 자리에는 자음이 오고 중성 자리에는 모음이 온다.
　子音一定在**初声和终声**的位置,母音一定在**中声**的位置。

단. 23페이지에서의 파생2 자음은 종성 자리에만 온다.
　但第23页的 '派生2子音'一定得在终声的位置。
음절에는 자음이 없을 수도 있으나 모음은 반드시 있어야 한다.
　韩国音节可以没有子音,但是一定得有母音。
초성 자리에 자음이 없는 경우 'ㅇ'을 적는다.
　如果在初声的位置没有子音的话,一定要用 'ㅇ'代替。

초성 자리에 자음이 없는 경우를 아래 1)과 3)번에 예시하였다.
　例如下面1) 和3),**在初声的位置是没有子音的**。

음절의 구조(音节的种类)

초성 + 중성 + 종성

初声 + 中声 + 终声

1)　　　　모음　　　(　　　　母音　　　　) : **아, 야, 오, 이**
2) 자음 + 모음　　　(子音 + 母音　　　　) : 가, 나, 너, 그
3)　　　　모음 + 자음 (　　　母音 + 子音) : **입, 온, 올, 인**
4) 자음 + 모음 + 자음 (子音 + 母音 + 子音) : 학, 강, 감, 문

제2장

명사와 대명사 名词与代词

명사 名词

명사란 대상의 이름을 나타내는 품사(단어)이며 거의 변하지 않는다.
名词是指对象名字的生词,几乎不变。

명사의 종류 名词的种类

(1) 보통 명사 : 일반적인 사물, 장소를 가리키는 이름이다.

   (1) 普通名词 : 指事物或地方的名字。

   예 (例如) : 학생(学生), 꽃(花), 학교(学校), **지하철역(地铁站)**, 회사(公司)

(2) 고유 명사 : 특정한 대상이나 유일한 대상을 가리키는 이름이다.

   (2) 专有名词 : 指特定事物或对象的名字。

   예 (例如) : 모란[牡丹], 매화[梅花], 서울[首尔], **강남역[江南站]**, **광화문[光化门]**, **경복궁[景福宫]**,
      삼성전자[三星电子], 김철수[金哲洙]

(3) 추상 명사 : 추상적인 개념을 가리키는 명사이다.

   (3) 抽象名词 : 指抽象概念的名字。

   예 (例如) : 학문(学问), 공부(学习), 음악(音乐), **철학(哲学)**, 교통(交通)

(4) 의존 명사 : 사물, 장소, 이유, 정도, 사람, 시간 등을 가리키는 불완전한 명사로,

          앞에 수식어가 있어야 의미가 분명해진다.

   (4) 依存名词 : 指事物,地点,理由,人,时间等的不完全名词,

             在它前边一定有修饰词才会意义明显。

   예 (例如) : 것(事物 / 行为), 대로(方法 / 范围), 데 / 곳(地方), 리(理由)
      번(次数), 명 / 분(人数), 지 / 년(时间), 적(经验 / 时期), 살 / 세(岁),
      듯이 / 만 / 만큼 / 뿐(程度), 마리(动物数量), 채(住宅数,套)

🐼 **예문** 例句

① 철수는 서울대학교에 다니는 대학생이다.

　　고유　고유　　　　　　보통

　　固有　固有　　　　　　普通名词

　① [哲洙]是在[首尔大学]上学的学生。

② 학생들은 대학 입시를 위해 매일 열심히 공부한다.

　　보통　　보통 추상　　　　　　추상

　　普通　　普通 抽象　　　　　　抽象名词

　② 学生们为了大学入学考试,每天努力地学习。

③ 지하철은 대중 교통의 혁명을 가져왔다.

　　보통　　　보통 추상　추상

　　普通　　　普通 抽象　抽象名词

　③ 地铁给公共交通带来了革命。

④ 갈 데도 안 정하고 가진 것도 없이 떠나는 것은　　　　위험하다.

　의존(장소)　　　　　의존(사물)　　의존(행위) 추상

　데 : 依存(地方),　　　**것** : 依存(事物), **것** : 依存(行为) 抽象名词

　④ 没决定下来去哪儿,也没准备好东西或钱就出发,那是很危险的。

⑤ 매일 밤을 샐 정도로 그만큼 노력했는데 불합격했을 리가 없다.

　　　보통　　추상　　　　　　추상　　의존(이유)

　　　普通　　抽象　　　　　　抽象　　**리** : 依存(理由)

　⑤ 每天熬夜那么努力地学习,没有理由不及格。

⑥ 그 분은　　　　중국으로 가신 지 벌써 일　　년이 넘었다.

　의존(사람)　　고유　　　의존(시간)　의존(시간)

　분 : 依存(人) 固有　　　**지** : 依存(时间) **년** : 依存(时间)

　⑥ 那个人去中国已经一年多了。

⑦ 그는 서울에 집이 세 채가 있을 　　　정도로 부자다.
　　　고유　　보통　　의존(주택 단위)　　추상　　추상
　　　固有　　普通　　**채** : 依存(套,房子)　　抽象　　抽象

⑦ 他是一位在[首尔]拥有3套房子的富翁。

⑧ 우리는 만난 적이 한 　　　번도 없다.
　　　　　　의존(경험)　　의존(횟수)
　　　　　적 : 依存(经验)　**번** : 依存(次数)

⑧ 我们一次也没有见过。

뒤바뀐 명사
順序顛倒的名词

❖ 한국어와 중국어 중 전체 의미는 같으나 앞뒤 음절이 바뀌어 있는 명사가 있다.
跟中文的名词意思差不多,只是顺序颠倒的韩语名词。

❖ 한국어(한국 한자) − 중국어(간체자)
韩语名词(韩国汉字) − 中文(简体字)

1) 단계(段階)   − 阶段
2) 시설(施設)   − 设施
3) 언어(言語)   − 语言
4) 운명(運命)   − 命运
5) 채소(菜蔬)   − 蔬菜
6) 평화(平和)   − 和平
7) 폭풍(爆風)   − 风暴
8) 동서남북(東西南北) − 东南西北
9) 마이동풍(馬耳東風) − 东风马耳
10) 산해진미(山海珍味) − 山珍海味
11) 비바람 [1]   − 风雨

    [1] 11) '비바람'은 고유 한국어로 비(雨) + 바람(風)
      [1] 11) '비바람'是固有韩语.'비(雨) + 바람(風)'。

비 + 바람
雨 + 风

대명사 代词

대명사란 명사(사람이나 사물의 이름)를 대신하여 나타내는 품사이다.
代词是代指名词(人或事物名称)的词类。

🐼 대명사의 종류
代词的种类

– 인칭 대명사와 지시 대명사

　– 人称代词和指示代词

(1) 인칭 대명사 : 사람의 이름을 대신하여 나타내는 대명사다.

　(1) 人称代词 : 是指代人的代词。

나 : 말하는 자기 자신을 나타낸다.

　我 : 是指自称,自己。

너 : 대화 상대방, 듣는 이를 나타낸다.

　你 : 是指对方或听者。

그(그녀) : 말하는 사람과 듣는 사람이 아닌 현재 자리에 없는 사람, 또는 바로

　　　　　전에 거론된 사람으로 말하는 사람과 듣는 사람이 알고 있는 사람을 의미한다.

　他(她) : 不是话者也不是听者,现在不在这儿的人物,

　　　　　或者刚才被提起过的人物,而且话者和听者都认识的人物。

우리 : 말하는 사람과 듣는 사람을 모두 가리키거나, 또는 말하는 사람과 듣는 사람을

　　　 포함한 여러 사람을 가리킨다.

　我们 : 是指大家,也包括话者和听者。

너희 : 듣는 사람을 포함한 여러 사람을 가리키는 말로

　　　 말하는 사람보다 지위가 높지 않거나 나이가 많지 않은 사람들을 의미한다.

　你们 : 是指大家,也包括听者。而且跟话者地位相同或者比话者地位低的人,

　　　　 或者跟话者年纪相同或者比话者年轻的人。

여러분 : 듣는 사람을 포함한 여러 사람을 가리키는 말로 '너희'를 높여 가리킨다.

各位/诸位 : 是指大家,也包括听者,是'너희'的尊敬词。

저 : '나'를 낮추어 가리키는 단어이다.

我或在下 : 是表示自谦的生词。

저희 : '우리'를 낮추어 가리킨다.

(我们) : 是表示我们的自谦。

누구 : 잘 모르는 사람이나 막연한 사람을 가리킨다.

谁 : 不知道的人,或表示所说的范围之内没有例外的人。

아무 : 특별히 사람이나 대상을 정하지 않고 가리키는 대명사다.

某(人) : 是表示无特定指代的人或对象。

자기 : 자신이나 바로 전에 거론된 사람, 혹은 남녀 사이에서 상대방에 대한 호칭으로
사용한다.

自己 : 是指自己或刚才提起过的人,或男女处对象关系时的称呼。

(2) 지시 대명사 : 사물의 이름이나 장소를 대신하는 대명사다.

(2) 指示代词 : 是指代事物或地方名字的代词。

이(것) : 듣는 사람보다 말하는 사람에게 더 가까이 있는 대상을 가리키거나, 말하는 사람이
생각하고 있는 대상을 가리킨다.

这(个) : 被指示的事物离话者较近,离听者较远。或者是指话者想的事物。

그(것) : 말하는 사람에게는 멀고 듣는 사람에게 가까이 있는 대상, 또는 말하는 사람과
듣는 사람이 같이 알고 있는 대상을 가리킨다.

那(个) : 被指示的事物离话者较远,离听者较近。是指话者和听者都知道的事物。

저(것) : 말하는 사람과 듣는 사람 모두에게 멀리 있는 대상을 가리킨다.

那(个) : 被指示的事物离话者,听者都远。

무엇 : 알지 못하는 사물이나 정해지지 않은 사물을 가리킨다.

什么 : 是指不知道的事物或者不指定的事物。

여기 : 듣는 사람보다 말하는 사람에게 더 가까이 있는 장소를 가리킨다.

这儿：是指离话者比听者更近的地方。

거기 : 말하는 사람보다 듣는 사람에게 더 가까이 있거나 또는 바로 전에 거론되어 서로
알고 있는 장소를 가리킨다.

那儿：是指离听者近,离话者远。或者刚才提起过的地方。

저기 : 말하는 사람과 듣는 사람에게 모두 멀리 있는 장소를 가리킨다.

那儿：是指离话者和听者都较远的地方。

어디 : 알지 못하는 장소나 정해지지 않은 장소를 가리킨다.

哪儿：是不知道的地方或者不指定的地方。

언제 : 잘 모르는 시기를 가리킨다.

什么时候：是不知道的时间。

🐼 대명사 예문
代词例句

① 우리는   언제부터 새 집을 갖게 될 수가 있을까?
　대명사(인칭) 대명사(지시) 명사(보통) 명사(의존 – 방법)
　　代词(人称) 代词(指示) 名词(普通) 名词(依存 – 方法)

　① 我们什么时候才能拥有新房子？

② 그는   우리들에게 아무나 가지고 가라고 말했다.
　대명사(인칭) 대명사(인칭) 대명사(인칭)
　　代词(人称)   代词(人称) 代词(人称)

　② 他对我们说,谁都可以拿走。

③ 거기에는 어느 누구도 없었다.
　대명사(지시)   대명사(인칭)
　　代词(指示)   代词(人称)

　③ 谁都没在那儿。

④ 그것은　원래　　　나의　　　　　것이었다.
　　대명사(지시)　　대명사(인칭)　의존(물건)
　　代词(指示)　　　代词(人称)　　名词(依存 - 事物)

　④ 那个原来是我的。

⑤ 그가　바로　저기에서　　나와 얘기하던 사람이다.
　대명사(인칭)　대명사(지시)　대명사(인칭)　명사(보통)
　代词(人称)　　代词(指示)　　代词(人称)　　名词(普通)

　⑤ 他就是在那儿跟我对过话的人。

⑥ 그 아이는　언제부터인가　자기만 알게 되었다.
　　　　대명사(지시)　대명사(인칭)
　　　　代词(指示)　　代词(人称)

　⑥ 不知道什么时候开始,那个孩子只知道考虑自己。

나 我　　너 你　　　　그 他

여기 这儿　　거기 那儿　　저기 那儿

❖ 다음 각 문장에서 의존 명사를 모두 고르시오.

请选出下面句子中所有的依存名词。

01 나는 잘 모르겠고 그저 소문만 들었을 뿐입니다.
　　①　②　　　　　　③　　　　④

我不清楚只不过听过传闻。

02 그 분은 한국에 온 지 벌써 삼 년이 되었다.
　　① ②　　　　③　　　④

他来韩国已经三年了。

❖ 다음 문장에서 대명사를 모두 고르시오.

请选出下面句子中所有的代词。

03 전문가에게 이것은 무엇이고 저것은 무엇인지 물어보았다.
　　①　　　②　③　　④

向专家请教了这是什么(东西),那是什么(东西)。

04 그는 어디에서도 어느 누구와도 얘기하지 않는다.
　　①　②　　　③　④

他在任何地方都不跟别人说话。

01 ④ : ④ '뿐'은 정도, 범위를 나타내는 의존 명사

④ '뿐'(只~) 是表示程度或范围的依存名词。

① '나'는 대명사　　　② '잘'은 부사　　　③ '만'은 조사

① '나'(我)是代词。　② '잘'(好)是副词。　③ '만'(只~)是助词。

02 ②, ③, ④ : '분'은 사람을 높여 부르는 의존 명사

'분'(人)是对他人尊称的依存名词。

'지', '년'은 시간을 나타내는 의존 명사

'지'(从~)和'년'(年)是表示时间的依存名词。

'그'는 관형사

'그'(那)是冠词。

03 ②, ③, ④ : '이것', '저것', '무엇'은 지시 대명사

'이것'(这个),'저것'(那个)和 '무엇'(什么)是指示代词。

'전문가'는 명사로, 특정 분야에 상당한 지식과 경험을 가지고 있는 사람을 의미함.

'전문가'(专家)是名词,表示对特殊领域有着很多知识和经验的人。

04 ①, ②, ④ : '그'는 남성을 가리키는 인칭 대명사

'그'(他)是指示男的的代词(人称代词)。

'어디'는 막연한 장소를 가리키는 지시 대명사

'어디'(什么地方)是指示不定地方的指示代词。

'누구'는 막연한 대상을 가리키는 인칭 대명사

'누구'(谁)是指示不定人的代词(人称代词)。

'어느'는 관형사로 대상을 제한하지 않을 때 사용

'어느'(什么)是冠词,指示不限定对象或者不认识的对象的冠词。

③ 단일어와 복합어
单纯词和复合词

❖ 단어는 단일어와 복합어로 구분되고 복합어는 다시 합성어와 파생어로 나누어진다.
生词分为单纯词和复合词,复合词再分为合成词和派生词。

단어(生词) ┬----- 단일어(单纯词)
          └----- 복합어(复合词) ┬----- 합성어(合成词)
                              └----- 파생어(派生词)

❖ 단일어는 의미를 갖는 하나의 어근으로만 이루어진 단어를 말한다.
单纯词是由一个具有意义的词根构成的词。

단일어의 예(单纯词例子) : 꽃(花), 나무(木), 돼지(猪), 고기(肉), 신(鞋)

❖ 복합어는 합성어와 파생어로 나누어지는데 두 개 이상의 어근이 합쳐져서 생성된 단어가
합성어이다.
复合词分为合成词和派生词,由两个以上词根构成的词就是合成词。

합성어의 예(合成词例子) : 꽃 + 나무 → 꽃나무, 돼지 + 고기 → 돼지고기
                        花   木   花木   猪   肉   猪肉

❖ 파생어는 어근의 앞이나 뒤에 접사(음절)가 붙어서 새로운 의미를 갖게 된 단어이다.
派生词是在词根的前后加上接词(音节)而产成新意义的生词。

파생어의 예(派生词例子) : 날 + 고기 → 날고기, 맨 + 손 → 맨손
                         生   肉   生肉   赤 手   赤手(空手)
                       선생 + 님 → 선생님
                       老师   老师

(접사 중 어근 앞에 붙는 접사는 접두사, 어근 뒤에 붙는 접사는 접미사라 한다.
위 파생어 예에서 '날', '맨'이 접두사, '님'이 접미사에 해당된다.)
  (接词中,在词根前面加上的接词称之为接头词,在词根后面加上的接词称之为接尾词。
   在派生词例子中,'날'和'맨'相当于接头词,'님'相当于接尾词。)

제3장

수사 数词

🐼 수사 : 수량이나 순서를 나타내는 품사로 양수사, 서수사 두 종류가 있다.
　　数词 : 表示数量和顺序的词类, 有两种, 基数词和序数词。

　 – 양수사 : 수량을 헤아리거나 수를 셀 때의 수를 나타낸다.

　　　基数词 : 是表示人或事物数量多少的数词。

　 – 서수사 : 순서나 등급의 수를 나타낸다.

　　　序数词 : 是表示順序的数词。

　# 양수사, 서수사 모두 고유 수사와 한자에서 나온 수사가 있다.

　　# 韩语的基数词和序数词, 都分有固有数词和来自汉字的数词。

	양수사(基数词)		서수사(序数词)	
	고유 固有	한자어 汉字	고유 固有	한자어 汉字
1	하나	일(一)	첫째	제일(第一)
2	둘	이(二)	둘째	제이(第二)
3	셋	삼(三)	셋째	제삼(第三)
4	넷	사(四)	넷째	제사(第四)
5	다섯	오(五)	다섯째	제오(第五)
6	여섯	육(六)	여섯째	제육(第六)
7	일곱	칠(七)	일곱째	제칠(第七)
8	여덟	팔(八)	여덟째	제팔(第八)
9	아홉	구(九)	아홉째	제구(第九)
10	열	십(十)	열째	제십(第十)
11	열하나	십일(十一)	열한째	제십일(第十一)
12	열둘	십이(十二)	열두째	제십이(第十二)
13	열셋	십삼(十三)	열셋째	제십삼(第十三)
14	열넷	십사(十四)	열넷째	제십사(第十四)
15	열다섯	십오(十五)	열다섯째	제십오(第十五)

	양수사(基数词)		서수사(序数词)	
	고유 固有	한자어 汉字	고유 固有	한자어 汉字
16	열여섯	십육(十六)	열여섯째	제십육(第十六)
17	열일곱	십칠(十七)	열일곱째	제십칠(第十七)
18	열여덟	십팔(十八)	열여덟째	제십팔(第十八)
19	열아홉	십구(十九)	열아홉째	제십구(第十九)
20	스물	이십(二十)	스무째	제이십(第二十)
21	스물 하나	이십 일(二十一)	스물한째	제이십일(第二十一)
30	서른	삼십(三十)	서른째	제삼십(第三十)
40	마흔	사십(四十)	마흔째	제사십(第四十)
50	쉰	오십(五十)	쉰째	제오십(第五十)
60	예순	육십(六十)	예순째	제육십(第六十)
70	일흔	칠십(七十)	일흔째	제칠십(第七十)
80	여든	팔십(八十)	여든째	제팔십(第八十)
90	아흔	구십(九十)	아흔째	제구십(第九十)
99	아흔아홉	구십구(九十九)	아흔아홉째	제구십구(第九十九)
100	백	백(一百)	백째	제백(第一百)
200	이백	이백(两百)	이백째	제이백(第二百)
900	구백	구백(九百)	구백째	제구백(第九百)
1,000	천	천(一千)	천째	제일천(第一千)
2,000	이천	이천(两千)	이천째	제이천(第二千)
9,000	구천	구천(九千)	구천째	제구천(第九千)
10,000	만	만(一万)	만째	제일만(第一万)
20,000	이만	이만(两万)	이만째	제이만(第二万)
100,000	십만	십만(十万)	십만째	제십만(第一十万)
1,000,000	백만	백만(一百万)	백만째	제백만(第一百万)
100,000,000	억	억(一亿)	억째	제일억(第一亿)

'만, 천, 백, 십' 앞에 숫자 1 만 있을 경우 일상생활에서는 '일'을 읽지 않기도 한다.
　(공식 문서에서는 반드시 표현해야 한다)
　# '万, 千, 百, 十'的前面只有'1'的时候, 可以省略不念'일'。(但是书面上一定要表示'일'。)
단위 '백, 천, 만, 억'의 고유 양수사는 한자어와 같다.
　# 单位 '百, 千, 万, 亿'的固有韩语跟汉字一样。

🐼 양수사 사용의 예 – 고유 양수사
　基数词的例子 - 固有基数词

– 수량이나 나이를 표현할 경우에 사용한다. (구어)

　– 表示数量时用基数词, 表示年龄时用基数词。(口语)

⑴ 수량 세기 数量

ㄱ 수량을 헤아릴 경우 양수사를 사용한다.

  ㈀ 算数量时,要用基数词。

ㄴ 세고자 하는 대상의 의존 명사 앞에 양수사를 붙여 읽는다.

  ㈁ 在被数对象的依存名词前,要把基数词加上去读。

ㄷ 양수사는 단독으로 읽거나 의존 명사 앞에 붙여 읽거나 원래대로 읽는다.

  ㈂ 基数词单独读时,和基数词在依存名词前读时发音一样。

ㄹ 단, '1, 2, 3, 4, 20'으로 끝나는 양수사를 단독으로 읽는 경우는

  '하나, 둘, 셋, 넷, 스물'로, 의존 명사 앞에서는 '한, 두, 세, 네, 스무'로 읽는다.

  ㈃ 单独读以 '1, 2, 3, 4, 20' 结束的基数词,发音是

  '하나, 둘, 셋, 넷, 스물' 但是,在依存名词前发音时,要读成 '한, 두, 세, 네, 스무'。

예 例如

① 동물을 셀 때

  ① 数动物时用的量词。

| 한 마리, 두 마리, 세 마리, 네 마리, 다섯 마리, 여섯 마리, -- 열 마리 |
| 一只, 两只, 三只, 四只, 五只, 六只, -- 十只 |
| 열한 마리, 열두 마리, -- 스무 마리, 스물한 마리, 스물두 마리, 스물세 마리 |
| 十一只, 十二只, -- 二十只, 二十一只, 二十二只, 二十三只 |
| 백 마리, 백한 마리, 백두 마리, -- 백스무 마리, 백스물한 마리, 백스물두 마리 |
| 一百只, 一百零一只, 一百零二只 -- 一百二十只, 一百二十一只, 一百二十二只 |

② 집을 셀 때

  ② 数房子时用的量词。

| 한 채, 두 채, 세 채, 네 채, 다섯 채, -- 스무 채, 스물한 채 |
| 一套, 两套, 三套, 四套, 五套, -- 二十套, 二十一套 |

③ 시간을 표현할 때

  ③ 数时间时用的量词。

| 한 시, 두 시, 세 시, 네 시, 다섯 시, -- 열 시, 열한 시, 열두 시 |
| 一点, 两点 三点, 四点 五点, -- 十点, 十一点 十二点 |

(2) 나이 표현하기(表达年龄时)

구어체에서 나이를 표현할 경우

의존 명사 '살' 앞에 고유 양수사를 붙여서 사용한다.

一般生活中说年龄时, 在'岁'的依存名词'살'前要用固有基数词。

① 올해 나이가 몇 **살**이냐?

① 今年几岁？/今年多大？

② 올해 열두 **살**입니다.

② 今年12岁。

③ 올해 스무 **살**입니다.

③ 今年20岁。

🐼 **양수사 사용 예 – 한자어**

用基数词的例子 – 汉字

– 숫자를 읽는 경우, 돈을 세는 경우, 나이를 공적으로 표현할 경우, 단순 번호를 읽는 경우에

사용한다.

– 读数字时, 数钱时, 表达年龄时(书面语), 读号码时用汉字基数词。

(1) 숫자 읽기(数字读法), 금액 읽기(金額读法)

(ㄱ) 숫자 단위는 '조, 억, 만, 천, 백, 십, 일(단)'로 중국 한자에서 유래되었다.

(ㄱ) 数字单位是'兆位, 亿位, 万位, 千位, 百位, 十位, 个位', 是出自中国汉字的。

45	3452	3109	6	4	8	9
조	억	만	천	백	십	일
兆位	亿位	万位	千位	百位	十位	个位

(ㄴ) 각 단위별로 **천, 백, 십, 일** 숫자를 읽고 단위를 붙인다.

(ㄴ) 读数字时先读节里的数, 再读它们的单位。

45	3452	3109	6489
사십오조	삼천사백오십이억	삼천백구만	육천사백팔십구
四十五兆	三千四百五十二亿	三千一百零九万	六千四百八十九

(ㄷ) 중간 숫자 0은 읽지 않는다.

　　(ㄷ) 不读数字与数字之间的 '0'。

(ㄹ) 만, 천, 백, 십 앞에 숫자 1 만 있을 경우 일상생활에서는 '일'을 읽지 않기도 한다.

(공식 문서에서는 반드시 표현)

　　(ㄹ) '万位, 千位, 百位, 十位'的前面只有'1'的时候, 可以省略不念'일'(一)。

(但是在书面语上一定得表示出来。)

예 例如

　　① 1815 : 일천 팔백 일십 오 (공식 문서 – 书面语)
　　　　　　천　팔백　십　오 (일상생활 – 口语)
　　②　　4510000 : 사백 오십 일**만**
　　③　　3607801 : 삼백 육십**만** 칠천 팔백 일
　　④ 23400012100 : 이백 삼십 **사억** 일만 이천 일백 (공식 – 书面语)
　　　　　　　　　　이백 삼십 **사억** **만** 이천 백 (일상 – 口语)

(2) 단순 번호(号码)

　　⑤ 3학년 1반 : 삼학년 일반

　　　　　　三年级 一班

　　⑥ 17번 고속도로 : 십칠 번 고속도로

　　　　　　十七号高速公路

(3) 공식적으로 나이를 얘기할 경우에 양수사(한자어) + '**세**' 를 사용한다.

　(3) 正式地表示年龄时, 要用汉字基数词和 '**세**'(岁)。

　　⑦ 12세 : 십이 **세**　　　　⑧ 57세 : 오십칠 **세**

　　　　　十二岁　　　　　　　　五十七岁

　　# 나이를 얘기할 경우 '**고유 양수사 + 살**'과 '**한자어 양수사 + 세**'를 사용하고,
　　　'고유 양수사 + 세' 나 '한자어 양수사 + 살'은 사용하지 않는다.
　　# 表示年龄时, 要用**固有基数词 + '살**',或者要用汉**字基数词 + '세**'。
　　　不能用固有基数词 + '세',也不能用汉字 + '살'。

12세를 표시할 경우

表示12岁时

　　⑨ 열두 **살**　　　　(O)　　⑩ 십이 **세**　　　　(O)

　　⑨ 固有基数词 + '살'　(O)　　⑩ 汉字基数词 + '세'　(O)

⑨' 열두 세   (×)   ⑩ 십이 살   (×)

      ⑨' 固有基数词 + '세' (×)   ⑩' 用汉字基数词 + '살' (×)

🐼 서수 序数

    – 사물의 순서나 등급을 나타낸다.

    – 表示顺序的数词。

(1) 순서와 등급 표기(表示顺序或等级。)

     서수사에도 고유 한국어의 서수사가 있고 한자어에서 나온 서수사가 있다.

     序数词也分有固有韩语序数词和汉字序数词。

    (ㄱ) 첫째, 둘째, – – 아홉째 등과 같이 고유의 양수사 + '–째'로 순서나 등급을

      나타낸다.

      (ㄱ) 在固有基数词的后面加 '–째'表示序数词,

        例如'첫째(第一), 둘째(第二), – – 아홉째(第九)'

    (ㄴ) 한자어에서의 서수사는 한자어 양수사 앞에 '제–' 를 붙여서 '제일, 제이, 제삼,

      제구' 등과 같이 순서나 등급을 나타낸다.

      (ㄴ) 在汉字基数词前, 加 '제–(第)'表示序数词, 例如'第一, 第二, 第三 – – – 第九'。

(2) 예문(例句)

    ① 공부를 잘하려면 첫째, 예습과 복습을 철저히 해야 합니다.

     둘째, 연습 문제를 풀어 봐야 합니다.

     ① 要想学习好 ; 第一,要做好预习和复习 ; 第二,应该要做习题。

    ② 고향을 떠나 이 곳에 오래 살다 보니, 여기가 제이의 고향이 되었네.

     ② 离开故乡在这儿生活了好久,这儿就算是自己的第二故乡了。

    ③ 제이, 제삼의 사건이 나지 않도록 향후 특별히 주의해야 합니다.

     ③ 为了防止再发生第二件,第三件的事件,今后要特别注意。

01 수량 표현 중 올바른 표현은 어느 것인가?

数量表达方法中,哪个是正确的选项？

① 하나 마리   ② 둘 마리   ③ 세 마리   ④ 다서 마리

02 나이 표현 중 올바른 표현은 어느 것인가?

'今年二十一岁'的年龄表达方法中,哪个是正确的选项？

① 올해 이십일 살입니다.   ② 올해 스물 한 살입니다.

③ 금년이 스물일 세입니다.   ④ 금년이 제이십일 세입니다.

03 숫자 읽기 표현 중 올바른 표현은 어느 것인가?.

数字的读法中,哪个是正确的选项？

① 2307 – 이천 삼백 영 칠   ② 1970 – 일천 구백 칠십 영

③ 1008 – 천 팔   ④ 11567 – 천 만 오백 육십 칠

정답(答案)

01 ③ : '**한** 마리', '**두** 마리', '**세** 마리', '**다섯** 마리'가 올바른 표현이다.

　　 : 正确的表达方法是'**한** 마리', '**두** 마리', '**세** 마리', '**다섯** 마리'。

02 ② : 나이는 '고유 양수사 + 살', '한자어 양수사 + 세'로 표현한다.

　　　 :表达年龄时,用'固有基数词 + 살' 或'汉字基数词 + 세'。

　　　 ① ③처럼 '한자어 양수사 + 살'과 '고유 양수사 + 세'는 사용하지 않는다.

　　　　 表示年龄时,不用①的'汉字基数词 + 살' '或③的' 固有基数词 + 세'。

　　　 ④처럼 나이는 서수사로 표현하지 않는다.

　　　　 表示年龄时,不用序数词。

03 ③ : 숫자를 읽는 경우 숫자 0은 표현을 생략한다.

　　　 : 读数字时不读 '0'。

　　　 ① 이천 삼백 칠   ② 일천 구백 칠십   ④ (일)만 (일)천 오백 육십 칠

④ 날짜와 월 표현
　　表达日期和月份

❖ 날짜 표현
　　日期的表达方法
－ 한국어에서는 날짜를 표현할 경우 두 가지 방법이 있다.

　　－ 表达日期有两个方法。

1) 통상적으로 '1일, 2일, 3일, － － 15일, 16일, － － 30일'로 표현한다.
　　1) 常用'1일(号), 2일(号), 3일(号), － － 15일(号), 16일(号) － － 30일(号)'来表示日期。
2) 구어체에선 고유어로 '초하루, 초이틀, 초사흘, 초나흘 － －' 로 표현하기도 한다.
　　2) 在口语中也能用'초하루, 초이틀, 초사흘, 초나흘 － －'的固有词来表示。

날짜	고유어(固有词)	中文	날짜	고유어(固有词)	中文
1일(일일)	초하루	1号	11일(십일일)		11号
2일(이일)	초이틀	2号	12일(십이일)		12号
3일(삼일)	초사흘	3号			
4일(사일)	초나흘	4号	15일(십오일)	보름	15号
5일(오일)	초닷새	5号	16일(십육일)		16号
6일(육일)	초엿새	6号	17일(십칠일)		17号
7일(칠일)	초이레	7号			
8일(팔일)	초여드레	8号	30일(삼십일)		30号
9일(구일)	초아흐레	9号	31일(삼십일일)		31号
10일(십일)	열흘	10号			

1일 ～ 9일까지 '초'를 붙여서 표현한다.
　# 添加 '초' 来表达1号到9号。
15일은 '보름'의 고유 이름이 있다.
　# 15号有固有名词 '보름'。

❖ 월 표현

　月份的表达方法

－ 한국어에서는 월을 표현할 경우 통상적으로 '1월', '2월' － － － 등으로 표현한다.

　　－ 表达月份时常用汉字 '月'.

월	고유어(固有词)	中文	월	고유어(固有词)	中文
1월(일월)	정월	1月	7월(칠월)		7月
2월(이월)		2月	8월(팔월)		8月
3월(삼월)		3月	9월(구월)		9月
4월(사월)		4月	10월(시월)		10月
5월(오월)		5月	11월(십일월)	동짓달	11月
6월(육월)		6月	12월(십이월)	섣달	12月

　# 1월 ~ 12월은 한자어 수사를 붙여서 해당 월을 표현한다.

　　단, 10월은 '십월'이 아닌 '시월'로 표현한다.

　　# 表示1月到12月时, 用数字和汉字, 但是10月不是'십월'而是'시월'.

　# 1월, 11월, 12월은 한자어 수사를 붙여서 '일월, 십일월, 십이월'로도

　　표현하지만 '정월, 동짓달, 섣달' 이라는 별도의 고유 명칭이 있다.

　　# 如果要表示 '1月, 11月, 12月' 可用 '1월, 11월, 12월'

　　　另外还可以用 '정월, 동짓달, 섣달'。

第4章

조사 助词

 조사의 종류 助词的种类

격조사, 보조사, 접속조사
格助词,添意助词,连接助词。

 격조사 格助词

– 문장 안에서 체언은 주어, 목적어, 보어, 관형어, 부사어 등의 자격을 갖는데 이러한 자격을 격이라 하고, 이때 조사는 체언과 결합하여 '체언 + 조사' 형태를 갖는다.
　– 体词(名词,代词和数词)在句中起主语,宾语,补语,定语和状语的作用,这时助词跟 体词连接,以'体词 + 助词'的形态出现。
문장 내에서 체언의 역할에 따라 조사를 결정하는데 이를 격조사라 한다.
　按照体词在句中成分性质(主语成分,宾语成分,补语成分,定语成分和状语成分) 来决定助词。这个助词称为'格助词'。
– 격조사는 **주격 조사, 목적격 조사, 보격 조사, 관형격 조사, 부사격 조사, 서술격 조사, 호격 조사로** 구분된다.
　– 格助词根据体词在句中的成分性质,分为:主格助词,宾格助词,补格助词,属格助词, 状格助词,谓格助词和呼格助词。

🐼 **주격 조사** 主格助词

　(1) 주격 조사 : 체언(명사, 대명사, 수사) 뒤에 붙어서 체언이 **주어**임을 나타내는 조사이다.
　　⑴ 主格助词 : 用在体词(名词,代词和数词)的后面,表示体词是**主语**。

46

(2) 형태(形态) : 가 / 이, 께서, 에서

  : 가 / 이

    ㉠ 체언이 모음으로 끝나면 체언 뒤에 '가'를 붙인다.

      ㉠ 体词以母音结束的话,在体词的后面添加'가'。

    ㉡ 체언이 자음으로 끝나면 체언 뒤에 '이'를 붙인다.

      ㉡ 体词以子音结束的话,在体词的后面添加'이'。

  : 께서

  주어가 신분이 높거나 나이가 많을 경우에 주어를 존경하는 의미로 주어를
  높이는 표현이다.

    主语身份地位高或年长时,表示尊敬主语的主格助词。

  : 에서

  조직이나 기관 단체가 주어 역할을 할 때 사용한다.

    用于单位,学校或机关,它起主语作用时,表示行为的主体。

(3) 예문(例句)

① 철수가 학교에 가고 있다.	체언 + '가'
① [哲洙]在去学校。	体词 + '가'
② 가방이 이미 낡았습니다.	체언 + '이'
② 手提包已经旧了。	体词 + '이'
③ 할아버지께서 자전거를 타고 가신다.	주어 높임
③ 爷爷骑自行车去。	尊敬主语'爷爷'
④ 대학교에서 합격 통지서를 보내 왔다.	주어가 기관 단체
④ 大学发来了合格通知书。	主语是大学(机关)

🐼 목적격 조사 宾格助词

(1) 목적격 조사 : 체언(명사, 대명사, 수사) 뒤에 붙어서 체언이 **목적어**임을 나타내는
        조사이다.

 (1) 宾格助词 : 用在体词(名词,代词和数词)的后面,表示体词是**宾语**。

(2) 형태(形态) : 를 / 을

㉠ 체언이 모음으로 끝나면 체언 뒤에 '를'을 붙인다.

 ㉠ 体词以母音结束的话,在体词的后面添加'를'.

㉡ 체언이 자음으로 끝나면 체언 뒤에 '을'을 붙인다.

 ㉡ 体词以子音结束的话,在体词的后面添加'을'.

(3) 예문(例句)

① 철수가 햄버거를 먹었다.	체언 + '를'
① [哲洙]吃汉堡包了。	体词 + '를'
② 어제 영희가 꽃을 샀다.	체언 + '을'
② 昨天[英喜]买花了。	体词 + '을'

🐼 보격 조사 补格助词

(1) 보격 조사 : 체언 뒤에 붙어서 체언이 **보어**임을 나타내는 조사이다.

 (1) 补格助词 : 用在体词的后面,表示体词是**补语**。

 술어 '되다 / 아니다' 와 어울려서 '**~가 /이 되다 / 아니다**' 형태의 문장을 이룬다.

 用在谓语 '되다 / 아니다'的前面,以'**~가 /이 되다 / 아니다**'的形态完成句子。

(2) 형태(形态) : '**가/이**'

(3) 예문(例句)

① 영희는 곧 박사가 된다.	체언 + '가'
① [英喜]很快会成为一位博士。	体词 + '가'
② 철수는 더 이상 고등학생이 아니다.	체언 + '이'
② [哲洙]不再是高中学生了。	体词 + '이'

🐼 관형격 조사 属格助词

(1) 관형격 조사 : 체언 뒤에 붙어서 뒤에 나오는 체언을 수식하는 **관형어** 역할을 하는 조사이며, 소유와 소속을 나타내기도 한다.

 (1) 属格助词 : 用于体词的后面, 表示体词是**定语**,也表示拥有或所属关系。

(2) 형태(形态) : '**의**'

(3) 예문(例句)

① 토끼의 귀는 길다.

　　① 兔子的耳子很长。

② 서울 가는 기차의 손님은 항상 많다.

　　② 去首尔火车上的乘客总是很多。

③ 영희는 아버지의 사진을 보고 많이 울었다.

　　③ [英喜]看到爸爸的照片哭得很厉害。

④ 철수의 책상은 항상 지저분하다.

　　④ [哲洙]的书桌上总是乱七八糟的。

⑤ 아무리 바빠도 한 잔의 커피를 마실 수 있는 여유는 있어야 한다.

　　⑤ 再怎么忙也应该有喝杯咖啡的时间。

　　　　# 관형격 조사 '의'는 소유와 소속 관계가 분명하면, 생략되는 경우가 많다.
　　　　　# 拥有或所属关系明确的话, 会省略属格助词'의'.

①' 토끼 귀는 길다.　　　　　　　　　　　　　　　　　　　　　(토끼의 귀)

　　①' 兔子的耳子很长。

③' 영희는 아버지 사진을 보고 많이 울었다.　　　　　　　　　(아버지의 사진)

　　③' [英喜]看到爸爸的照片哭得很厉害。

🐼 호격 조사 呼格助词

(1) 체언 뒤에 붙어서 부름이나 감성적 표현을 나타내는 조사이다.

　　'체언＋호격 조사'는 문장 안에서 독립적으로 쓰일 수 있다.　　　(독립어)

(1) 用在体词的后面表示平辈之间或对下属的称呼或表示抒发感情的格助词。

　　'体词＋呼格助词'常独立使用。(独立语)

(2) 형태(形态) : '야 / 아' ; 호칭에 주로 사용한다.

　　　　　　　　　 ; 称呼时常用。

　　　　: '여 / 이여' ; 시적인 표현. 감성적인 표현에 주로 사용한다.

　　　　　　　　　 ; 用于诗句或抒发感情。

　㉠ 체언이 모음으로 끝나면 체언 뒤에 '야/여'를 붙인다.

　　㉠ 体词以母音结束的话, 在体词的后面添加 '야/여'。

ⓛ 체언이 자음으로 끝나면 체언 뒤에 '아/이여'를 붙인다.

　　ⓛ 体词以子音结束的话,在体词的后面添加 '아/이여'。

(3) 예문(例句)

　　① 철수야, 얼른 일어나서 학교 가야지.　　　　　　체언 + '야'

　　　　① [哲洙]！赶紧起床,该去学校了。　　　　　　体词 + '야'

　　② 영철아, 이리 와 봐라.　　　　　　　　　　　체언 + '아'

　　　　② [英哲]！过来看看吧。　　　　　　　　　　体词 + '아'

　　③ 미래여, 기다려라, 우리가 간다!　　　　　　　체언 + '여'

　　　　③ 未来啊！请等等,我们正在前进！　　　　　　体词 + '여'

　　④ 님이여, 가지 마소서!　　　　　　　　　　　　체언 + '이여'

　　　　④ 亲爱的!别离开我!　　　　　　　　　　　　体词 + '이여'

🐼 **부사격 조사** 状格助词

(1) 체언 뒤에 붙어서 체언이 장소, 시간, 기준, 출처, 대상, 도구, 수단, 방향, 신분, 자격, 비교 대상임을 나타나게 하는 조사이다.

　　(1) 状格助词 : 用于体词的后面,表示体词是场所,时间,基准,出处,对象, 工具,手段,方向,身份,资格,及比较的对象。

(2) 형태(形态)

　　– 에, 에서 : 장소(场所), 시간(时间)

　　– 에게, 한테, 께, 보고 : 대상(对象)

　　– 에게서, 한테서/께서, 로부터 : 출처(来源)

　　– (으)로, (으)로서, (으)로써 : 방향(方向), 신분(身份), 도구(工具), 수단(手段)

　　– 와, 과, 처럼, 만큼 : 동반 대상(同伴的对象), 비교 대상(比较的对象)

　　– 보다 : 우열 비교(优劣比较)

(3) 예문(例句)

　　㈀ 에 :

　　　– 사람, 사물의 존재하는 장소, 진행 방향, 목적지를 나타낸다.

　　　　– 表示人或事物存在的场所,进行的方向,目的地。

- 행위의 시간을 표시한다.
  - 表示行为的时间。
- 조건, 환경 등을 나타낸다.
  - 表示条件,环境。
- 수량의 단위와 결합하여 가격의 기준을 나타내는 경우도 있다.
  - 跟量词(依存名词)连接,表示价格的基准。

  ① 철수는 지금 학교에 있다. (존재 장소)
    ① [哲洙]现在学校。 (存在的场所)
  ② 영희는 어제 고모집에 갔어요. (목적지)
    ② [英喜]昨天去了姑妈家。 (目的地)
  ③ 우리 내일 10시에 모이기로 합시다. (시간)
    ③ 我们决定明天10点集合。 (时间)
  ④ 이 과일은 한 개에 얼마씩 합니까? (단위)
    ④ 这水果一个多少钱? (价格的基准)
  ⑤ 이 무더위에 어떻게 지내는지요? (조건, 환경)
    ⑤ 这么热的天,您过得怎么样? (条件, 环境)

(ㄴ) 에서

- 행위의 시작 장소를 나타낼 경우에 사용한다.
  - 表示行为的出发点。
- 행위나 사건이 일어난 장소를 나타낸다.
  - 表示行为或事件发生的场所。
- 일이나 행위의 출처를 나타낸다.
  - 表示行为或事情发生的来源。

  ① 학교에서 출발하면 집까지 얼마나 걸리니? (행위 시작 장소)
    ① 从学校出发的话,到家要多长时间? (行为的出发点)
  ② 어제 일본에서 큰 지진이 일어났다고 합니다. (발생 장소)
    ② 听说昨天日本发生了大地震。 (发生事件的地方)

③ 나는 그 뉴스를 신문에서 보았다.　　　　　　　　　　　(행위의 출처)

　　③ 我在报纸上, 看到了那个新闻。　　　　　　　　　(行为的来源)

(ㄷ) **에게, 한테, 께, 보고**

　– 행위가 영향을 주는 대상을 나타낸다.

　　– 表示行为涉及的对象。

　– 행동을 일으키는 대상을 나타낸다.

　　– 表示发生行为的对象。

　– '에게, 한테, 께, 보고' 중 '에게'를 일반적으로 많이 사용한다.

　　– '에게'在'에게, 한테, 께, 보고' 中, 是最常用的。

　– '한테'는 구어체에서 많이 사용한다.

　　– '한테' 是表示行为涉及的对象, 口语上常用。

　– '께'는 대상을 높인 표현이다.

　　– '께' 是'에게, 한테'的尊敬形式。

　– '보고'는 행위의 대상을 나타내나 다소 불만스러운 표현이다.

　　– '보고' 表示行为涉及的对象, 但是表示不满意。

　　　① 그 가방은 동생에게 주어라.　　　　　　　　　(행위의 대상)

　　　　① 把那个书包送给弟弟吧。　　　　　　　　(行为涉及的对象)

　　　② 그 가방은 동생한테 주어라.　　　　　　　(행위의 대상 – 구어체)

　　　　② 把那个书包送给弟弟吧。　　　　　　(行为涉及的对象 – 口语)

　　　③ 그 모자는 할머니께 갖다 드려라.　　　　　(행위의 대상 – 높임말)

　　　　③ 把那个帽子送给奶奶吧。　　　　　(行为涉及的对象 – 表示尊敬)

　　　④ 지금 나보고 이런 일을 하라는 것인가요?　　　　(행위의 대상)

　　　　④ 难道现在让我做这样的事吗？　　　(行为涉及的对象 – 表示不满意)

　　　⑤ 남에게 놀림을 받다.　　　　　　　　　(행위를 일으키는 대상)

　　　　⑤ 被人戏弄了。　　　　　　　　　　(行为发生的对象)

(ㄹ) **에게서, 한테서, 께서, 로부터**

　– 행위의 출처나 행위의 근원을 나타낼 경우에 사용한다.

　　– 表示行为的出发点或来源。

- '에게서'는 일반적으로 많이 사용한다.
  - '에게서'是表示行为发生来源,是常用的助词。
- '한테서'는 구어체에서 많이 사용한다.
  - '한테서'是表示行为发生的来源,常用于口语的助词。
- '께서'는 대상을 높인 표현이다.
  - '께서'表示尊敬的对象。
- '에게서', '한테서'는 출처와 대상이 사람과 동물에 한정된다.
  - '에게서', '한테서'只用于人物和动物。
- '께서'는 높인 표현이므로 사람에게만 사용한다.
  - '께서'表示尊敬,所以只用于人物。
- '로부터'는 사람, 동물, 사물, 추상명사 등 출처와 대상의 제한이 거의 없다.
  - '로부터'可用于人物,动物,事物,抽象名词等,没有限制。

① 이 강아지에게서 무슨 냄새가 납니다.　　　　　　　(출처)
　① 这只小狗身上有什么异味儿。　　　　　　　　(出处, 来源)
② 이것은 영희에게서 온 편지다.　　　　　　　　　(출처)
　② 这是[英喜]寄来的信。　　　　　　　　　　(出处, 出发点)
②' 이것은 영희로부터 온 편지다.　　　　　　　　　(출처)
　②' 这是一封来自[英喜]的信。　　　　　　　　(出处, 出发点)
③ 그 이야기는 누구한테서 들었니?　　　　　　(출처-구어체)
　③ 你是从谁那儿听说到的?　　　　　　　(出处, 来源-口语)
④ 오늘 선생님께서 이렇게 말씀하셨습니다.　　　(출처-높임말)
　④ 今天老师这么说的。　　　　　　　　(出处, 来源-尊敬)
⑤ 우리는 전쟁의 공포로부터 벗어나야 한다.　　(출처-추상 명사)
　⑤ 我们一定要摆脱战争的恐惧。　　　　　(对象-抽象名词)

⑴ (으)로
- 행위의 방향이나 목적지를 표시할 경우
  - 表示行为的方向或目的地。

– 행위의 수단, 도구, 재료 등을 나타낼 경우

　– 表示行为的手段, 工具, 材料等。

　㉠ 체언이 모음이나 'ㄹ'로 끝나면 체언 뒤에 '로'를 붙인다.

　　㉠ 体词以母音或'ㄹ'结束的话, 在体词的后面添加'로'。

　㉡ 체언이 자음('ㄹ'제외)으로 끝나면 체언 뒤에 '으로'를 붙인다.

　　㉡ 体词以子音(除了'ㄹ'以外)结束的话, 在体词的后面添加'으로'。

① 이 길로 계속 북쪽으로 가면 어디가 나오나요?	(방향)
① 这条路一直向北走的话, 是什么地方？	(方向)
② 그는 바로 서울로 올라갔다.	(목적지)
② 他很快上首尔去了。	(目的地)
③ 서울에서 부산까지 기차로 얼마나 걸리나요?	(수단)
③ 从首尔到釜山坐火车, 要多长时间？	(手段)
④ 호미로 막을 것을 가래로 막는다.	#1 속담 (도구)
④ 小孔不补, 大孔叫苦。	#1 俗语 (工具)
⑤ 콩으로 메주를 만든다 하여도 안 믿는다.	#2 속담 (재료)
⑤ 说'酱糗子是用黄豆做的', 他说什么, 谁都不会相信。	#2 俗语 (材料)

#1 속담) 초기에 처리를 하였으면 적은 힘으로 처리할 수 있었는데 시기를 놓쳐서 더 많은 힘과
　　　노력이 들어간다라는 뜻으로 초기에 빠르게 대응하는 것이 중요하다라는 의미이다.

　#1 俗语) 初期应该用锄头可以充分做的事, 结果却要用铁锹付出更多力量去做。意思是说,
　　　　如果早进行处理的话, 会不费事。错过时机之后, 则需要付出更多力量和努力。

#2 속담) 원래 메주는 콩으로 만든다. 따라서 이 말은 맞는 말이나 평소 신뢰감이 떨어지는
　　　행동과 말을 많이 하였기에 "콩으로 메주를 만든다"고 말하여도 못 믿겠다는 비유이다.

　2 俗语) 酱糗子是用黄豆做的, 原来这句话是对的。但是平时他谎话说得太多了, 没得到别人的
　　　　信任, 偶尔说一句真话也没人相信他。

㉥ (으)로서

　– 체언이 신분이나 자격을 나타냄을 보여 주는 조사이다.

　　– 表示身份或者资格的状格助词。

　㉠ 체언이 모음이나 'ㄹ'로 끝나면 체언 뒤에 '로서'를 붙인다.

　　㉠ 体词以母音或 'ㄹ'结束的话, 在体词的后面添加 '로서'。

ㄴ 체언이 자음('ㄹ'제외)으로 끝나면 체언 뒤에 '으로서'를 붙인다.

　ㄴ 体词以子音(除了 'ㄹ'以外)结束的话, 在体词的后面添加 '으로서'.

　① 여러분들은 학생으로서 본분을 다해야 합니다.　　　　　　(신분)

　　① 大家作为学生应该要本分.　　　　　　　　　　　　　(身份)

　② 이 회사의 사장으로서 한마디 하겠습니다.　　　　　　　(자격)

　　② 作为社长, 我来说一句.　　　　　　　　　　　　(资格, 作为)

　③ 대한민국의 수도로서 서울은 보다 깨끗해야 한다.　　　　(자격)

　　③ 作为韩国的首都, 首尔一定要更干净.　　　　　　　(资格, 作为)

(ㅅ) (으)로써

　- 행위의 수단, 방법 등을 나타내는 조사이다.

　　- 表示行为的手段, 方法等状格助词.

　- 도구, 수단을 나타내는 조사로, '(으)로'보다 강조의 의미가 있다.

　　- 表示手段或工具的助词, 比 '(으)로' 更有强调的意思.

　　① 슬픔을 술로써 치유할 수는 없습니다.　　　　　　　(수단)

　　　① 不能借酒消愁.　　　　　　　　　　　　　　(手段)

　　② 그렇게 함으로써 모든 문제가 해결되었습니다.　　　　(방법)

　　　② 用那种方法去做, 所有的问题解决了.　　　　　　(方法)

　　③ 갈등은 서로의 인내로써 풀어야 한다.　　　　　　　(수단)

　　　③ 矛盾要靠相互的耐心来解决.　　　　　　　　　(手段)

(ㅇ) 과, 와

　- 행위의 상대방(동반 대상)을 나타내는 경우에 사용한다.

　　- 表示共同行动的对象.

　- 비교 대상임을 나타낸다.

　　- 表示比较的对象.

　ㄱ 체언이 모음으로 끝나면 체언 뒤에 '와'를 붙인다.

　　ㄱ 体词以母音结束的话, 在体词的后面添加 '와'.

　ㄴ 체언이 자음으로 끝나면 체언 뒤에 '과'를 붙인다.

　　ㄴ 体词以子音结束的话, 在体词的后面添加 '과'.

① 여자 친구와 헤어진 후 크게 상심하였다. (동반 대상)

　① 他跟女朋友分手后，很伤心。 (共同行动的对象)

② 그녀는 결국 사랑하는 사람과 결혼했다. (동반 대상)

　② 结果她跟相爱的人结婚了。 (共同行动的对象)

③ 배는 사과와 다르다 (비교 대상)

　③ 梨跟苹果不一样。 (比较的对象)

(ㅈ) 만큼, 처럼

– 비교 기준을 보여 주는 조사로 비교 동등한 경우에 사용한다.

– 表示比较的对象，用于相似的比较，'像～一样'。

① 영희도 언니만큼 요리를 잘한다. (비교 동등)

　① [英喜]像姐姐一样菜做得好。 (比较 同等)

② 개처럼 벌어서 정승처럼 쓴다. #속담 (비교 동등)

　② 像狗一样挣钱，像丞相一样花钱。 #俗语 (比较 同等)

속담) '돈을 벌 때는 어려운 일을 피하지 않고 열심히 벌고, 돈을 쓸 때는 우아하게 품위
를 지키면서 쓴다'는 비유이다.

俗语) 比喻挣钱时不回避困难，努力挣钱，花钱时保持优雅。

(ㅊ) 보다

– 비교 우열 대상을 나타내는 경우에 사용한다.

– 表示优劣比较的对象。

① 아버지보다 훌륭한 사람이 되어야 한다. (비교 우열 대상)

　① 你应该成为比爸爸更出色的人。 (优劣比较的对象)

🐼 서술격 조사 谓格助词

(1) 체언 뒤에 붙어서 체언이 서술어임을 나타내는 조사

조사 중에서 유일하게 용언(동사, 형용사)처럼 어미 변화를 한다.

(1) 在体词后面，表示体词是谓语的状格助词。

谓格助词与谓词(动词 / 形容词)一样，是词尾会变化的唯一助词。

(2) 형태(形态) : **(이)다**

－ '체언 + **(이)다**'에서 어미 '**다**' 는 동사 / 형용사처럼 어미 변화를 한다.

－ '体词 + **(이)다**'的词尾 '**다**', 像动词和形容词一样会变化。

㉠ 체언이 모음으로 끝나면 체언 뒤에 '**다**'를 붙인다.

㉠ 体词以母音结束的话, 在体词的后面添加 '**다**'。

㉡ 체언이 자음으로 끝나면 체언 뒤에 '**이다**'를 붙인다.

㉡ 体词以子音结束的话, 在体词的后面添加 '**이다**'。

＃ 마지막 음절이 모음으로 끝나는 경우에도 '**이다**'를 쓸 수도 있다.

＃ 体词以母音结束时, 也可以用 '**이다**'连接。

(3) 예문(例句)

① 철수는 학생이다.	'이' + '다'	기본형
① [哲洙]是个学生。		基本形
② 철수는 학생이었다.	'이' + '었다'	과거형
② [哲洙]曾经是个学生。		过去时
③ 철수는 학생이냐?	'이' + '냐?'	의문형
③ [哲洙]是学生吗?		疑问句
④ 그는 변호사(이)다.	'(이)' + '다'	기본형
④ 他是位律师。		基本形
⑤ 그는 변호사이었다.	'이' + '었다'	과거형
⑤ 他曾经是位律师。		过去时
⑥ 그는 변호사(이)냐?	'(이)' + '냐?'	의문형
⑥ 他是律师吗?		疑问句

01 다음 문장에서 밑줄 친 조사 부분을 잘못 사용한 문장은 어느 것인가?

下面句子划线部分中,哪个是**用错的助词**?

① 가방이 많이 낡았습니다.

　① 书包很旧。

② 어제 영희가 꽃을 샀다.

　② 昨天[英喜]买了朵花。

③ 철수는 곧 박사를 된다.

　③ [哲洙]即将成为博士。

④ 토끼의 귀는 길다.

　④ 兔子的耳朵很长。

02 다음 중 밑줄 친 조사 중 성격이 다른 하나는 어느 것인가?

下面划线的助词中,哪个是跟另3个**不一样种类**的助词?

① 철수가 학교에 간다

　① [哲洙]去学校。

② 영희는 이미 고등학생이 아니다.

　② [英喜]不再是高中学生了。

③ 꽃이 활짝 피었다.

　③ 花盛开了。

④ 대학교에서 통지서를 보내 왔다.

　④ 大学发来了通知书。

03 다음 중 조사를 잘못 적용한 문장은 어느 것인가?

下面句子中,哪个是助词用**错的**句子?

① 철수는 지금 학교에서 있다.

　① [哲洙]现在学校。

② 이 과일은 한 개에 얼마인가요?

　② 这个水果一个多少钱?

③ 나는 동생에게 선물을 주었다.

　③ 我送给了弟弟一件礼物。

④ 그 뉴스를 신문에서 보았다.

　④ 报纸上看见了那条新闻。

04 다음 문장에서 밑줄친 조사를 '에게'로 바꾸면 가장 어색한 문장은?

下面划线的助词中,如果改成'에게',哪个是**最不自然的**?

① 다른 사람한테 놀림을 받다.

　　① 被人戏弄了。

② 모자를 형님께 갖다 드려라.

　　② 把帽子送给哥哥。

③ 나보고 이 일을 하라는 것인가요?

　　③ 难道让我做这样的事吗?

④ 영희는 어제 고모집에 갔다.

　　④ 昨天[英喜]去了姑妈家。

05 다음 문장 중 '에게서'를 잘못 사용한 문장은 어느 것인가?

下面句子中,哪个是'에게서'用**错**的句子?

① 그 얘기를 누구에게서 들었니?

　　① 你是从谁那儿听说的?

② 우리는 불황의 공포에게서 벗어나야 합니다.

　　② 我们一定要摆脱不景气的恐惧。

③ 이 편지는 영희에게서 온 편지다.

　　③ 这封信是[英喜]寄来的。

④ 강아지에게서 냄새가 난다.

　　④ 来自小狗身上的异味儿。

06 다음 예문에서 ㉠, ㉡에 적합한 조사는 어느 것인가?

下面括号里,哪个是**正确的助词**?

예문(例句) : 여러분들은 학생(㉠) 학업에 열중해야 하며 그렇게 함(㉡) 미래에 성공을 보장받을 수 있습니다 　　大家是学生(㉠)应该努力地学习,只有那样(㉡),才能保证将来的成功。

① ㉠ 으로서 ㉡ 으로서　　　　　② ㉠ 으로서 ㉡ 으로써

③ ㉠ 으로써 ㉡ 으로서　　　　　④ ㉠ 으로써 ㉡ 으로써

07 다음 문장에서 밑줄친 조사를 '보다'로 바꾸면 가장 어색한 문장은?

下面划线的助词中,如果改成 '보다',哪个是**最不自然的**?

① 개처럼 벌어서 정승처럼 쓴다.

　① 像狗一样挣钱,像丞相一样花钱。

② 철수는 선생님처럼 글씨를 잘 쓴다.

　② [哲洙]像老师一样字写得很好。

③ 영희는 언니만큼 요리를 잘한다.

　③ [哲洙]像姐姐一样菜做得好。

④ 너는 아버지만큼 훌륭한 사람이 되어라.

　④ 你也要像爸爸一样成为出色的人吧。

08 다음에서 '(으)로' 조사를 '(으)로써'로 바꾸어 쓸 수 있는 것은?

下面句子中,哪个是能用 '(으)로써' 代替'(으)로'的句子?

① 이 길로 계속 북쪽으로 가면 어디가 나오나요?

　① 这条路一直向北走的话,是哪儿?

② 그는 바로 시장으로 달려갔다.

　② 他很快地向市场跑去了

③ 서울에서 기차로 부산까지 얼마나 걸리나요?

　③ 从首尔到釜山坐火车,要多长时间?

④ 호미로 막을 것을 가래로 막는다.

　④ 小孔不补,大孔叫苦。

🌸 정답(答案)

01 ③ : ③ 철수는 곧 박사를 된다.(X) → 철수는 곧 박사가 된다.(O)

　① '이'는 주격 조사, ② '을'은 목적격 조사, ④ '의'는 관형격 조사

　　① '이'是主格助词, ② '을'是宾格助词, ④ '의'是属格助词。

02 ② : ① '가', ③ '이'와 ④ '에서'는 모두 주격 조사이다.　② '이'는 보격 조사

　: ① '가', ③ '이'和 ④ '에서'都是主格助词。　　　　② '이'是补格助词。

03 ① : ① 학교에서(X) → 학교에(O)

　① 존재하는 장소를 나타내는 조사는 '에'가 올바른 조사이다.

　　① 表示存在场所的助词是'에'.

　'에서'는 행위의 시작 장소, 행위가 일어난 장소를 나타내거나,

④와 같이 일이나 행위의 출처를 나타내는 조사이다.

　　'에서'是表示行为开始的地方,行为发生的助词

　　或者像④一样事情或行为出处的助词。

② '에'는 수량의 단위에 붙어서 가격의 기준을 나타낸다.

　　② '에'跟量词（依存名词）连接,表示价格的基准。

③ '에게'는 행위가 영향을 주는 대상을 표시한다.

　　③ '에게'表示行为涉及的对象。

04 ④ : ④ '에'는 진행 방향, 목적지를 나타내는 조사로 '에게'로 바꾸어 쓸 수 없다.

　　: ④ '에'表示进行的方向和目的地,所以不能代替 '에게'。

① '한테'는 행위에 영향을 주는 대상이나, 행동을 일으키는 대상에 사용되는 조사로

'에게'로 대체 가능하다.

　　① '한테'表示行为涉及的对象和发生行为的对象,所以可以替代 '에게'。

② '께'는 '에게'의 높임말이나 '에게'로 바꾸어 쓸 수 있다.

　　② '께'是'에게'的尊敬形式,但是可以替代'에게'。

③ '보고'는 행위의 대상을 나타내는 조사로 '에게'로 대체가 가능하다.

　　③ '보고'表示行为涉及的对象,所以可以代替'에게'。

05 ② : ② '에게서'는 행위나 사건의 출처를 나타내는 조사로 사람과 동물에 사용할 수 있으며 추상

명사에는 사용하지 않는다.

　　② '에게서'表示行为的出处,只用于人物和动物,不用于抽象名词。

추상 명사인 경우 '로부터' 가 적합하다.

　　抽象名词的话,只用'로부터'。

06 ② : '으로서'는 신분, 자격을 보여 주는 조사이며

'으로써'는 수단, 방법을 나타내는 조사이다.

　　: '으로서'表示身份或者资格的状格助词,'으로써'表示行为的手段,方法 等的状格助词。

07 ① : '처럼', '만큼'은 비교가 되는 기준 대상을 나타내며 기준과 동등한 경우에 사용

　　: '처럼'和'만큼'表示比较对象的状格助词, 用于所比较的对象彼此相似时。

예문 ① '개처럼 벌어서 정승처럼 쓴다' 에서의 '처럼'은 추상적인 비유이므로,

'처럼'을 '만큼'이나 '보다'로 바꾸어 쓰는 것은 매우 부자연스럽다.

　　例句 ① '개처럼 벌어서 정승처럼 쓴다'(像狗一样挣钱,像丞相一样花钱。)中的

'처럼'是抽象比喻时,使用的比较状格助词。这个'처럼'不能代替'만큼'或'보다'。

08 ④ : '(으)로'는 행위의 방향, 행위의 수단, 도구, 재료 등을 나타낼 경우에 사용한다.

　　: '(으)로' 表示行为的方向和行为的手段,工具,材料等。

이 중에서 수단, 도구, 재료 등을 나타낼 경우 '(으)로써'로 바꾸어 사용할 수 있다.

　　如果表示行为的手段,工具,材料等,可以用'(으)로써'代替(으)로。

'(으)로써'는 (으)로보다 강조의 의미가 있다.

　　'(으)로써' 比 '(으)로'是更强调地表示手段或工具。

보조사 添意助词

🐼 **보조사 : 문장 속 성분에 의미를 더해 주거나 특정한 의미를 부여해 주는 조사이다.**
添意助词是在句子中添加句子成分的意思,或者有特别意义的助词。

🐼 **형태와 예문 :**
形态和例句:

(1) **는/은** : 주제, 대조를 강조하는 보조사다.

: 是强调主题,强调对比的添意助词。

– 체언, 부사, 용언, 조사 뒤에 사용한다.

– 用在体词,副词,谓词或助词的后面。

– '주제'를 강조하거나 '대조'의 의미를 강조한다.

– 强调主体或者强调对比。

㉠ 앞 음절이 모음으로 끝나면 '는'을 붙인다.

㉠ 前面的音节,以母音结束的话,用'는'

㉡ 앞 음절이 자음으로 끝나면 '은'을 붙인다.

㉡ 前面的音节,以子音结束的话,用'은'

① 철수는 고등학교 다니고 영숙은 중학교에 다닌다.   (대조 강조)

　① [哲洙]在上高中,[英淑]在上初中。   (强调对照)

② 저 슈퍼는 육류는 싼데 생선은 비싸다.   (대조 강조)

　② 那个超市的肉类很便宜,但鱼类很贵。   (强调对照)

③ 도서관에서는 조용히 해야 한다.   (주제 강조)

　③ 在图书馆里应该得安静。   (强调主题)

④ 음주운전은 절대 용납해서는 안 된다.   (주제 강조)

　④ 绝对不能容忍酒后驾车。   (强调主题)

(2) **만** : 범위 한정을 나타내는 보조사이다.

: 是表示限制范围的添意助词。

– 체언, 부사, 용언, 조사 뒤에 사용한다.

– 用在体词,副词,谓词或助词的后面。

– 범위를 한정하거나 '유일함', '단독'을 표현한다.

– 限制范围或者表示唯一和单独.

① 이번에 철수만 합격하고 나머지는 다 불합격하였다. (유일)

① 这次只有[哲洙]一个人及格了,其他人都不及格. (唯一)

② 여기만 오면 비가 오네. (유일)

② 一来这儿,总是下雨. (唯一)

③ 아내는 웃기만 하고 아무 말이 없었다. (한정)

③ 爱人只笑了笑,没说话. (限制)

(3) **밖에** : 반드시 부정문과 같이 쓰여 범위 한정을 나타낸다.

: 一定和否定句一起用,来表示限制范围.

– 체언, 부사 뒤에 붙여서 사용한다.

– 用在体词,副词的后面,在 '밖에' 的后面要接否定句.

– 뒤 문장은 부정문을 수반하여 '~이외에는 없다 / 못하다 / 모르다'의 의미로,

'~**만** 있다 / 하다 / 알다'와 같은 의미이다.

– '밖에'后面一定要跟否定句,表示'除了~以外,没有 / 不能做 / 不知道',

各自表示'只有 / 只做 / 只了解'.

① 영희밖에 나를 도와 줄 친구가 **없었다.** (한정 + 부정문)

(= 나를 도와 줄 친구는 영희만 **있었다**)

① 除了[英喜]以外,没有朋友帮助我. (限制范围 + 否定句)

(= 只有[英喜]帮助我.)

② 돈이 만 원밖에 **없는데** 어떻게 물건을 사지? (한정 + 부정문)

(= 돈이 만 원만 **있는데** 어떻게 물건을 사지?)

② 除了一万韩币以外没有钱,怎么能买东西? (限制 + 否定句)

(= 只有一万韩币,怎么能买东西?)

③ 시간이 10분밖에 **안 남았다.** (한정 + 부정문)

(= 시간이 10분만 **남아 있다**)

③ 除了10分钟以外,没有剩余的时间了. (限制 + 否定句)

(= 只有10分钟的剩余时间了)

④ 공부밖에 할 줄 모르는 학생   (한정 + 부정문)

　(= 공부만 하는 학생)

　　④ 除了学习以外, 不会做任何事的学生。   (限制范围 + 否定句)

　　(= 只会学习的学生。)

(4) 뿐 : '뿐이다'의 형태로 한정된 범위를 나타낸다.

　　: 以'뿐이다'的形态, 来表示限制范围。

　　'뿐 아니다' 형태로 범위의 확대를 표현한다.

　　　以'뿐 아니다'的形态, 来表示扩大范围。

－ 체언, 조사 뒤에서 사용되며 '뿐 + 이다 / 아니다' 형태로 범위를 표현한다.

－ 用在体词, 助词的后面, 在'뿐'的后面只有'이다 / 아니다'。

　(ㄱ) 'A뿐이다'는 'A만 있고 다른 것은 없다'는 의미이다.

　　(ㄱ) 'A뿐이다' 的意思是 '只有A, 没有别的'。

　(ㄴ) 'A뿐 아니다'는 'A도 있고 다른 것도 있다'는 의미이다.

　　(ㄴ) 'A뿐 아니다' 的意思是 '不仅有A, 而且也有别的'。

① 내가 믿을 수 있는 사람은 너뿐이다.   (범위 한정)

　(= 믿을 수 있는 사람은 너만 있다.)

　① 我可以相信的人只有你, 除了可以相信你以外, 没有别人。   (限制范围)

② 이제 준비할 시간은 열흘뿐이다.   (범위 한정)

　(= 이제 준비할 시간은 열흘만 있다.)

　② 现在只有10天准备的时间, 没有10天以上的时间。   (限制范围)

③ 그는 한국에서뿐 아니라 중국에서도 유명하다.   (범위 확대)

　(= 그는 한국에서도 유명하고 중국에서도 유명하다.)

　③ 他不仅在韩国很有名, 而且在中国也很有名。   (扩大范围)

④ 영희는 영어뿐 아니라 중국어도 잘한다.   (범위 확대)

　(= 영희는 영어도 잘하고 중국어도 잘한다.)

　④ [英喜]不仅英语说得好, 而且中文也说得好。   (扩大范围)

'A뿐 아니다 / 아니라' 형태는 '만'을 추가하여
　'A뿐만 아니다 / 아니라' 형태로 강조의 의미로 많이 사용된다.
　# 在'A뿐 아니다 / 아니라'的形态, 再添加'만',
　　以'A뿐만 아니다 / 아니라'的形态, 起到强调的意思。

(5) **도** : 범위의 추가를 나타낸다.

      : 表示追加范围。

  – 체언, 조사, 어미 뒤에 붙여서 'A를 추가하여 포함한다'는 의미이다.

    – 用在体词,助词,谓语词尾的后面,是'追加A,A也什么什么'的意思。

      ① 철수도 매우 착실한 모범생이다.   (범위 추가)

        ① [哲洙]也是个非常诚实的模范生。   (追加范围)

      ② 안에서 새는 바가지 밖에서도 샌다.   – # 속담 (범위 추가)

        ② 在家里漏水的瓢儿, 拿到外边去也是漏的。   # 俗语 (范围追加)

     # 속담) 좋지 않은 습관은 어디에 가든지 나타난다는 표현이다.

     俗语) 不好的习惯, 走到哪里也很难改变。

(6) **까지** : 범위의 한도를 표현한다.

      : 表示限定, 限制范围。

 – 체언, 부사, 용언 어미 뒤에 쓰여서 시간, 공간, 대상의 한도를 표현하거나,

  가중된 상황을 표현한다.

    – 用在体词,副词,谓语词尾的后面,

      来表示时间,空间和对象的最后限度,或者更严重的情况。

      ① 학생들이 밤늦게까지 공부한다.   (한도)

        ① 学生们学习到深夜。   (限度)

      ② 우리가 할 수 있는 데까지 최선을 다하자.   (한도)

        ② 让我们尽最大的努力去做吧。   (限度)

      ③ 날도 어두운데 비까지 내리니 길 찾기가 힘들다.   (상황 가중)

        ③ 天黑了, 再加上下雨, 路找起来很难。   (情况更严重)

(7) **부터** : 시간적인 시점, 장소의 시점을 나타낸다.

      : 表示起始点或出发点。

  – 체언, 부사, 조사, 어미 뒤에 쓰여서 시간, 장소, 대상의 처음을 표현한다.

    – 用在体词,副词,助词,谓语词尾的后面,

      来表示开始的时间,开始的地方,开始的范围。

– 'A부터 B까지'의 형태로 시간, 장소, 대상의 범위, 처음(A)과 끝(B)을 나타낸다.

– 'A부터 B까지'的形态表示时间,地点,范围的开始(A)和最后(B)。　　　(= 从A到B)

① 영희는 처음부터 결혼할 생각이 없었다.　　　　　　　　(시간의 시점)

　　① [英喜]从一开始就没有结婚的想法。　　　　　　　　　(从时间开始)

② 오늘은 남쪽 지방부터 비가 오겠습니다.　　　　　　　　(장소의 시점)

　　② 今天从南部地区开始下雨。　　　　　　　　　　　　(从地点开始)

③ 이 일은 어디에서부터 잘못되었는지 잘 모르겠다.　　　　　(시작점)

　　③ 不知道这件事从哪儿开始做错了。　　　　　　　　　(从范围开始)

④ 그는 새벽부터 밤 늦게까지 열심히 일을 했다.　　　　　　(시간 범위)

　　④ 他从凌晨一直努力地工作到深夜。　　　　　　　　　(时间范围)

⑤ 1번부터 20번까지의 학생은 앞으로 나오세요.　　　　　　(대상 범위)

　　⑤ 从1号到20号的学生,请出来。　　　　　　　　　　(对象的范围)

(8) **마다** : 규칙적인 빈도 또는 예외가 없음을 표현한다.

　　　　　 : 表示有规律的频率或不例外。

– 체언 뒤에 사용되어 일정한 시간 간격을 갖는 규칙적인 빈도를 표현하거나,

'모두 다' 라는 의미를 표현한다.

　　– 用在体词的后面,表示有固定时间间隔,规律的频率或全部的意思。

① 버스는 10분마다 한 대씩 옵니다.　　　　　　　　　(빈도, 시간 간격)

　　① 公共汽车每隔10分钟来一辆。　　　　　　　　　(频率, 时间间隔)

② 아침마다 운동을 하면 건강해집니다.　　　　　　　　(모두)

　　② 每天早上运动的话,就会变得很健康。　　　　　　(所有的)

③ 사람마다 개성이 다르다는 것을 인정해야 한다.　　　　(모두)

　　③ 应该认可每个人的个性不同。　　　　　　　　　(所有的)

(9) **치고** : 범위 내 예외가 없음을 나타내는 보조사이다.

　　　　　 : 表示范围内全部包括,无一例外的添意助词。

– 체언 뒤에 쓰여서 부정문과 함께 '예외 없음'을 의미한다.

　　– 用在体词的后面,后面一定跟否定句来表示没有例外。

① 비관적인 사람치고 일을 열심히 하는 사람이 없다.　　　(예외 없는 전부)

　　(= 비관적인 사람은 모두 일을 열심히 안 한다.)

　　① 只要是悲观的人，没有一个人会努力工作的。　　　(无一例外)

　　　　(= 凡是悲观的人都不会努力工作。)

② 한국 사람치고 김치 싫어하는 사람이 없다.　　　(예외 없는 전부)

　　(= 한국 사람은 전부 김치를 좋아한다.)

　　② 只要是韩国人，没有一个不喜欢泡菜。　　　(无一例外)

　　　　(= 凡是韩国人都喜欢泡菜。)

－ 체언 뒤에서 '그 중에서도 예외적으로'의 의미를 표현한다.

　　－ 用在体词的后面，来表示 '其中的一个例外'的意思。

③ 겨울 날씨치고 따뜻한 편이다.　　　(= 겨울인데도 예외적으로 따뜻하다)

　　③ 就冬天的天气来说，还算暖和的。　　　(= 即使是冬天，会有例外的暖和。)

(10) **마저** : '마지막 남은 것까지'의 범위 확대를 나타낸다.　　　(불만과 실망감을 표현)

　　　　　: 表示到最后一个的扩大范围。　　　(表示不满或失望。)

－ 체언, 조사, 용언 어미 뒤에 붙여서 '마지막에 남은 것'(사람, 상황)까지 범위가 확대됨을

　　의미한다.

　　－ 用在体词，助词，谓语词尾的后面，来表示'到最后一个(人或事物)'的扩大范围。

－ 좋지 않은, 원하지 않는 내용의 뒤 문장과 함께 '매우 좋지 않은 결과가 되었다'라는

　　의미이다.

　　－ 常常跟后面不好的或者不愿意的内容，来表示'有了很坏的结果'的意思。

① 너마저 떠나가면 나는 의지할 데가 없다.　　　(원하지 않는 상황)

　　① 如果连你都离开我的话，我就无依无靠了。　　　(不希望的情况)

② 그는 품행이 불량하여 학교에서마저 쫓겨났다.　　　(좋지 않은 상황)

　　② 他因为品行不良，甚至被学校开除了。　　　(不好的情况)

(11) **조차** : 부정문과 함께 최소한의 범위를 나타낸다.

　　　　　: 和否定句一起用，来表示最小范围。

－ 체언, 조사 뒤에 사용되어 뒤따르는 부정문과 합쳐서 '최소한의 상황도

　　충족시키지 못하는 불만스러운 상황이나 매우 좋지 않은 상황'을 나타낸다.

- 用在体词,助词的后面,后面得跟否定句,

  表示'由于最小条件的不充足,因此感到很不满意,或有更严重的情况'。

- 극한 상황을 강조하는 표현으로 자주 사용한다.

  - 强调包括意外的或者极端的情况。

① 너무 무서워서 숨소리조차 낼 수가 없었다.　　　　　(매우 좋지 않은 상황)

　① 非常害怕,甚至无法呼吸。　　　　　　　　　　　(很难受的情况)

② 어렸을 때는 너무 가난하여 하루에 한 끼조차 먹을 수가 없었다.(극한 상황)

　② 小时候非常穷,一天连一顿饭也吃不上。　　　　　(及其严重的情况)

(12) **커녕** : 부정문과 함께 사용되며 '**커녕**' 앞의 내용도 부정하고 뒤에 이어지는

　　　　　더욱 좋지 않은 내용도 부정하기 위해 사용한다.

　　　　　: 和否定句一起使用,用于否定'**커녕**'前面的内容和否定后面更不好的内容。

- 체언 뒤에 쓰이고 이어지는 뒤 문장은 부정문이 온다.

  - 用在体词的后面,后面一定要有否定句。

- '**A(는 / 은) + 커녕, B도 + 부정문**' 형태

  A는 말할 것도 없이 최소한의 B도 충족하지 못하는 더 좋지 않은 상황을 표현한다.

  - 以'**A(는 / 은) + 커녕, B도 + 否定句**' 形式。'别说A就连B也不/没有~' 的意思。

① 산골에는 중학교는커녕 소학교도 없었다.

　① 在山沟里别说有初中了,就连小学也没有。

② 어렸을 때는 자동차는커녕 자전거도 없었다.

　② 小时候别说汽车了,连自行车也没有。

③ 그 아이는 뛰기는커녕 아직 걷지도 못한다.

　③ 那孩子别说跑了,连走还不会走呢。

④ 밥커녕 죽도 못 먹었었다.

　④ 别说吃顿饭了,连粥也没吃上。

'**A + 커녕, B도 + 부정문**' 형태에서 앞 문장 'A + 커녕' 사이에 '는 / 은' 을 추가하여 'A는 / 은 + 커녕' 형태로, 뒤 문장에도 'B도', 'B조차', 'B조차도' 형태로 강조의 어감을 표현한다.
　# 在 '**A + 커녕, B도 + 부정문**' 的形式中,在前面句子 'A + 커녕' 的中间,添加 '는 / 은', 以 'A 는 / 은 + 커녕'的形态,而且在句子后面也以 'B도', 'B조차', 'B조차도'的形态,也会更加强调语气。

④ 别说吃顿饭了，连粥也没吃上。

　④ 밥커녕 죽도 못 먹었었다.

　④' 밥은커녕 죽도 못 먹었었다. 　　　: 강조　　　　　(强调)

　④" 밥은커녕 죽조차 못 먹었었다. 　　: 더욱 강조　　(更强调)

　④''' 밥은커녕 죽조차도 못 먹었었다. : 최고 강조　(最高强调)

(13) **(이)나마** : 부족하지만 아쉬움을 인정함을 나타낸다.

　　　　　　　　: 表示不足却承认遗憾。

－ 체언, 부사어 뒤에 붙어서 '다소 부족하고 아쉽지만 상황을 받아들이는' 의미를 표현한다.

　－ 用在体词,副词的后面,来表示'虽然有点儿不满意,可是感觉还可以'。

　㉠ 앞 단어가 모음으로 끝나면 '나마'

　　㉠ 前面的音节,以母音结束的话,用 '나마'。

　㉡ 앞 단어가 자음으로 끝나면 '이나마'

　　㉡ 前面的音节,以子音结束的话,用 '이나마'。

　① 아무도 안 왔는데 너나마 와 주어서 다행이다.

　　① 谁都没来,幸亏只有你来了。

　② 조금이나마 도움이 되었으면 좋겠습니다.

　　② 尽管是个小忙,也希望能帮到你。

(14) **깨나** : 어느 정도 이상의 뜻을 나타내는 보조사이다.

　　　　　: 是表示某种程度以上意思的添意助词。

－ 체언 뒤에서 '어느 정도 이상'의 의미로 비아냥거리거나 불만을 표현한다.

　－ 用在体词的后面。来表示比较高的程度,表示讥讽的内容和不满意。

　① 돈깨나 있다고 자랑하는 사람은 존경받지 못한다.

　　① 炫富的人,不会受到尊敬。

　② 힘깨나 쓴다는 사람이 쌀 한 자루도 들지를 못하네.

　　② 都说他很有力气,可一袋米都拿不动。

(15) **말고** : 대상을 제외함을 나타내는 보조사이다.

　　　　: 是表示对象除外的添意助词。

– 체언 뒤에서 '대상 이외에' 또는 '대상 부정'을 나타낸다.

  – 用在体词(A)的后面, 来表示'除了A以外', 或'不是A'的意思。

① 나말고 답을 아는 사람이 없었다.

  ① 除了我以外, 没有人知道答案。

② 어린이 공원말고 다른데 가자.

  ② 不去儿童公园, 去别的地方吧。

(16) **요** : 부드러운 말투 또는 약간의 높임말을 표현한다.

  : 表示轻松的语气, 或者表示尊敬的语气。

– 체언, 조사, 어미 뒤에서 상대방을 높이거나, 일부 부드러운 말투를 표현한다.

  – 用在体词, 助词, 谓词词尾的后面。来表示轻松的语气, 或者表示尊敬。

① 나는요, 오늘요, 집에서 밥만 먹고요, 아무 데도 안갔어요.

  ① 我啊, 今天啊在家里只吃了顿饭, 哪儿都没去的。

(17) **이 / 가** : 대상을 강조하는 보조사이다.

  : 是表示强调对象的添意助词。

– 체언 뒤에서 대상, 새 정보 등을 강조할 때 사용한다.

  – 用在体词的后面, 来表示强调事物, 新信息等。

① 그것이 알고 싶다.   (대상을 강조)

  ① 希望知道那是什么。   (强调事物)

② 철수가 이름이래요.   (새로운 정보를 강조)

  ② [哲洙]就是他的名字。   (强调新信息)

(18) **를** : 용언을 강조하는 보조사로 부정문과 어울리는 보조사이다.

  : 是表示强调谓词的添意助词, 一个与否定句相配的添意助词。

– 용언 뒤에서 용언을 강조(주로 부정적인 내용을 강조)한다.

  – 用在谓词的后面, 来表示强调谓词(主要强调否定的内容)。

① 아이가 전혀 먹지를 않아요.

  ① 孩子完全不吃。

② 문을 걸어 잠그고 만나 주지를 않는다.

   ② 他关上门谁也不想见。

(19) **마는** : 앞의 내용을 인정하면서 아쉬움이나 의문을 나타내는 보조사이다.

    : 是承认前面的内容,表示遗憾或疑问的添意助词。

- 용언 뒤에서 '~지마는', '~다마는' 형태로

  앞의 사실은 인정하고 뒤에는 대조적인 내용을 표현한다.

   - 在谓词的后面,以 '~지마는', '~다마는'的形态

    表示认定前句内容,后句表示对立转折的内容。

① 보고 싶지마는 참고 산다.

   ① 我很想见面,可还是忍住了。

② 그 사람은 갔다마는 자취는 여기 저기 남아있다.

   ② 他虽然已经离开了,可到处还留有他的痕迹。

01 아래 문장에서 밑줄 친 조사 부분을 잘못 사용한 문장은 어느 것인가?

下面划线部分,哪个是助词用**错的**句子？

① 이번에 철수<u>가</u> 합격하고 나머지는 다 불합격하였다.

② 이번에 철수<u>는</u> 합격하고 나머지는 다 불합격하였다.

③ 이번에 철수<u>만</u> 합격하고 나머지는 다 불합격하였다.

④ 이번에 철수<u>도</u> 합격하고 나머지는 다 불합격하였다.

02 다음 중 '공부<u>밖에</u> 할 줄 모르는 학생' 과 같은 의미는 어느 것인가?

下面的句子中,哪个是跟 '공부<u>밖에</u> 할 줄 모르는 학생' 一样的意思？

① 공부<u>마저</u> 안 하는 학생　　　　② 공부<u>만</u> 안 하는 학생

③ 공부<u>만</u> 하는 학생　　　　　　④ 공부<u>도</u> 하는 학생

03 다음 문장의 ( )안에 보조사 '만'이 어색한 문장은 어느 것인가?

下面句子的括号里,填写添意助词 '만'的话,哪个是错的句子？

① 여기( ) 오면 비가 오네.

② 밥( ) 죽도 못 먹었었다.

③ 시간이 10분( ) 남아 있다.

④ 영희는 영어뿐( ) 아니라 중국어도 잘한다.

04 다음 문장의 ( ) 안에 보조사 '까지'를 넣으면 어색한 문장은?

下面句子的括号里,填写添意助词 '까지'的话,哪个是错的句子？

① 학생들이 밤 늦게( ) 공부한다.

② 저 슈퍼는 육류는 싼데 생선( ) 비싸다.

③ 날도 어두운데 비( ) 내리니 길 찾기가 힘들다.

④ 우리가 할 수 있는 데( ) 최선을 다하자.

05 다음 문장 중 ( ) 안에 보조사 '<u>부터</u>' 가 들어가면 어색한 부분은?

　　下面句子的括号里,填写添意助词 '<u>부터</u>' 的话,哪个是错的部分?

　－ 그는 새벽(①) 밤늦게(②) 열심히 일을 했다.

　－ 영희는 처음(③) 결혼할 생각이 없었다.

　－ 오늘은 남쪽 지방(④) 비가 시작되겠습니다.

06 다음 문장 중 ( ) 안에 보조사 '마다'가 들어가면 어색한 문장은?

　　下面句子的括号里,填写添意助词 '마다'的话,哪个是错的句子?

　① 너( ) 떠나가면 나는 의지할 데가 없다.

　② 아침( ) 운동을 하면 건강해집니다.

　③ 사람( ) 개성이 다르다는 것을 인정해야 한다.

　④ 버스는 10분( ) 한 대씩 옵니다.

07 다음 예문을 정확하게 설명하고 있는 문장은 어느 것인가?

　　下面句子①②③④中,哪个是跟例句意思一样的?

> 예문(例句) : 산골에는 중학교는커녕 소학교도 없었다.

　① 산골에는 중학교는 있었으나 소학교는 없었다.

　② 산골에는 중학교도 있었고 소학교도 있었다.

　③ 산골에는 중학교는 없었지만 소학교는 있었다.

　④ 산골에는 중학교도 없었고 소학교도 없었다.

01 ④ : ④ 'A도' 는 A를 추가하여 포함한다는 의미로 철수를 제외한
　　　　나머지는 불합격하였으므로 문맥상 '**도**'는 맞지 않다.
　　　　: ④ 'A 도'表示追加A,包括'A也'的意思。可是例句的意思是
　　　　　'这次[哲洙]也及格,别的学生都不及格'。内容不搭配,所以 ④的'**도**'是错的。
　　　다른 예문들은 '이번에 철수만 합격하고 나머지는 불합격하였다'를 설명하고 있다.
　　　　其他例句都说明'这次只有[哲洙]一个人及格,其他人都不及格'。的内容。
　　　　① 这次[哲洙]及格了,其他人都不及格。
　　　　② 这次[哲洙]及格,但是其他人都不及格。
　　　　③ 这次只有[哲洙]一个人及格,其他人都不及格。

02 ③ : '공부**밖에** 할 줄 모르는 학생'의 의미는 '공부 이외에는 다른 것은 할 줄
　　　　모르다'라는 의미로 '공부만 할 줄 아는 학생'과 의미가 같다.
　　　　: '공부(A)**밖에** 할 줄 모르는 학생'의 意思是,'除了学习(A)以外,
　　　　　不会做任何事的学生'的意思。⇒ ③ 只会学习的学生。
　　　　① '공부**마저** 안 하는 ~'은 '다른 것도 하지 않고 공부도 하지 않는다'라는 의미.
　　　　　① 表示什么事情也不会做,甚至连学习也不做的意思。
　　　　② '공부**만** 안 하는 ~'은 '다른 것은 다 하는데 공부만 하지 않는다'라는 의미.
　　　　　② 表示不会学习,但是会做别的事情的意思。
　　　　④ '공부**도** 하는 ~'은 '다른 것도 다 하고 공부도 하는' 의미.
　　　　　④ 表示不仅会做什么事情,而且也会学习的意思。

03 ② : 보조사 '**만**'은 범위를 한정하거나 '유일함'의 의미를 나타냄.
　　　　: 添意助词 '**만**'表示限制范围或者表示唯一。
　　　　① 여기**만** 오면 비가 오네.　　　　　　　　　　(유일)
　　　　　① 一来这儿,总是下雨。　　　　　　　　　　　(唯一)
　　　　③ 시간이 10분**만** 남아 있다.　　　　　　　　　(한정)
　　　　　③ 时间只剩下10分钟了。　　　　　　　　　　 (限定)
　　　　④ 영희는 영어뿐**만** 아니라 중국어도 잘한다.　　(한정 강조)
　　　　　④ [英喜]不仅英语说得好,而且中文也说得很好。 (强调限定)
　　　　② ( )에는 '**커녕**'이 적합하여 '밥**커녕** 죽도 못 먹었다'.
　　　　　② 例句 ②的括号里,'**커녕**'合适,'别说米饭,甚至粥也没吃到'。

04 ② : '**까지**'는 시간, 공간, 대상의 한도를 표현하거나, 가중된 상황을 표현한다.
　　　　①, ③, ④는 '**까지**', ②에는 대조를 강조하는 '**은**'이 옳다.
　　　　: '**까지**'表示时间,空间和对象的最后限度,或者更严重的情况。
　　　　　①, ③, ④的'**까지**'是正确的,② 需要强调对比的'**은**'。
　　　　② 저 슈퍼는 육류는 싼데 생선**은** 비싸다.

② 那个超市的肉类很便宜,但是鱼类很贵。

① 학생들이 밤늦게**까지** 공부한다.   (한도)

  ① 学生们学习到深夜。   (限度)

③ 날도 어두운데 비**까지** 내리니 길 찾기가 힘들다.   (가중)

  ③ 天黑了,再加上下雨,路找起来很难。   (更严重)

④ 우리가 할 수 있는 데**까지** 최선을 다하자.   (한도)

  ④ 让我们尽最大努力去做吧。   (限度)

05 ② : – 그는 새벽 ①**부터** 밤늦게 ②**까지** 열심히 일을 했다.   (시간 범위)

   – 他从凌晨一直努力地工作到深夜。   (时间范围)

   – 영희는 처음 ③**부터** 결혼할 생각이 없었다.   (시간의 시점)

   – [英喜]从一开始就没有结婚的想法。   (开始的时间)

   – 오늘은 남쪽 지방 ④**부터** 비가 시작되겠습니다.   (장소의 시점)

   – 今天从南部地区开始下雨。   (开始的地方)

06 ① : ① 은 '**마저**' 가 적합. ① 너**마저** 떠나가면 나는 의지할 데가 없다.

    = '마지막 남은 너도 떠나가면 의지할 데가 아무도 없다'라는 의미.

      例句 ①的( )里 '**마저**'合适。①如果你离开我,我无依无靠。

      = 剩下的最后唯一的你也离开我的话,我无依无靠。

    ② 아침**마다** 운동을 하면 건강해집니다.   (모두)

    ② 如果每天早上运动,就会变得很健康。   (所有的)

    ③ 사람**마다** 개성이 다르다는 것을 인정해야 한다.   (모두)

    ③ 我们应该认可每个人的个性不同。   (所有的)

    ④ 버스는 10분**마다** 한 대씩 옵니다.   (빈도, 시간 간격)

    ④ 公共汽车每隔10分钟来一辆。   (频率,时间间隔)

07 ④ : 예문 '산골에는 중학교는**커녕** 소학교도 없었다'는

    'A는/은 + **커녕**. B도 + 부정문' 형태로 'A는 말할 것도 없이 최소한의 B도

    충족하지 못하는 더 좋지 않은 상황'을 표현하고 있다.

    즉, 중학교도 없었고 소학교도 없었다는 의미.

    : 例句 '산골에는 중학교는**커녕** 소학교도 없었다'的意思是

      在山沟里,别说有初中了,就连小学也没有。

    'A(는/은) + **커녕**. B도 + 否定句' 形态。

    '别说A,连B也不/没有～' 的意思。

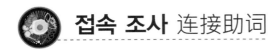

접속 조사 连接助词

단어와 단어 또는 문장과 문장을 연결하는 조사이다.
是连接生词与生词, 句子与句子的助词。

(1) 대등 접속 : 단어와 단어를 같은 자격으로 연결한다.

   (1) 并列连接 : 同等资格的生词与生词的连接。

   형태(形态) : 와 / 과, (이)랑, (이)며, 하고

   ㉠ 앞 체언이 모음으로 끝나면 '와', '랑', '며', '하고'#

      ㉠ 前面的体词, 以母音结束的话, 用 '와', '랑', '며', '하고'

   ㉡ 앞 체언이 자음으로 끝나면 '과', '이랑', '이며', '하고'

      ㉡ 前面的体词, 以子音结束的话, 用 '과', '이랑', '이며', '하고'

      # 하고 : 모음으로 끝나든, 자음으로 끝나든 관계없이 사용한다.
         # 하고 : 不管是以母音还是子音结束, 都可以用。

      #¹ 와 / 과 : 마지막 명사에 연결되지 않는다. 주로 문어체에서 많이 사용한다.
         #¹ 와 / 과 : 不能跟最后的体词连接, 主要用于书面语。
      #² (이)랑, (이)며, 하고 : 마지막 명사에도 연결 가능하다. 구어체에서 많이 사용한다.
         #² (이)랑, (이)며, 하고 : 可以跟最后的体词连接, 主要用于口语。

   ① 어제 영희는 채소와 과일을 샀습니다.   (O)
   ①' 어제 영희는 채소와 과일과 샀습니다.   (×) #¹

      ① 昨天 [英喜]买了蔬菜和水果。

   ② 어제 영희는 채소랑 과일을 샀습니다.   (O)
   ②' 어제 영희는 채소랑 과일이랑 샀습니다.   (O) #²
   ③ 어제 영희는 채소며 과일을 샀습니다.   (O)
   ③' 어제 영희는 채소며 과일이며 샀습니다.   (O) #²
   ④ 어제 영희는 채소하고 과일을 샀습니다.   (O)
   ④' 어제 영희는 채소하고 과일하고 샀습니다.   (O) #²

(2) 나열 접속 : 여러 사물을 나열할 때 사용한다는 점에서 대등 접속과 비슷하나,
　　　　　　　언급된 사물 외에 다른 사물도 있음을 나타낸다.

　(2) 罗列连接 : 同等资格的生词与生词的连接,跟并列连接用法差不多,
　　　　　　　罗列连接除了有罗列事物以外,还有再加上别的事物的意思。

　　형태(形态) : (이)며, 에
　　　# '(이)며'는 '모두', '다', '모두 다'와 같이 사용하기도 한다.
　　　　# '(이)며'可以常用和 '모두', '다', '모두 다' 一起用。

① 어젯밤 도둑이 들어와서 돈이며 보석이며 (다) 가져갔다.
　　의미 : 돈과 보석 이외에 다른 것들도 가져갔다.
　　① 昨晚小偷儿偷走了钱和宝石等东西。
　　　意思 : 除了钱和宝石以外,还偷走了别的东西。

② 중국 여행을 가서 만리장성이며 자금성이며 (모두) 둘러봤다.
　　의미 : 만리장성과 자금성 이외에 다른 곳도 둘러봤다.
　　② 去中国旅行游玩了长城和故宫等地方。
　　　意思 : 除了长城和故宫以外,还游玩了别的地方。

③ 할아버지 생신 잔치에는 갈비에 생선회에 없는 것이 없었다.
　　의미 : 갈비와 생선회 이외에 다른 것도 많았다.
　　③ 爷爷的生日宴会上有排骨和生鱼片等,应有尽有。
　　　意思 : 除了排骨和生鱼片以外,还有别的菜。

(3) 부가 접속 : 선행하는 체언에 붙여서 사용하며 범위가 확장되거나 상황이
　　　　　　　확대되어 더욱 심각한 상황을 표현한다.

　(3) 附加连接 : 用在体词的后面连接助词,来表示扩大范围或情况变得更为严重。
　　　형태(形态) : 에, 에다, 에다가
　　　　　　　에 〈 에다 〈 에다가 순으로 강조의 어감을 나타낸다
　　　　　　　语气强调顺序 에 〈 에다 〈 에다가

① 철수는 감기에 몸살까지 겹쳐서 매우 고생을 하였다.
　① [哲洙]感冒了,再加上四肢酸痛,很是受罪。

①' 철수는 감기에다 몸살까지 겹쳐서 매우 고생을 하였다.　　　　　　　(강조)

　　①' [哲洙]感冒了,而且再加上四肢酸痛,很是受罪。　　　　　　　　　(强调语气)

② 어젯밤 맥주 다섯 병에 소주 두 병까지 마셨다.

　　② 昨晚喝了五瓶啤酒,又喝了两瓶烧酒。

②' 어젯밤 맥주 다섯 병에다가 소주 두 병까지 마셨다.　　　　　　　　(강조)

　　②' 昨晚喝了五瓶啤酒,而且又喝了两瓶烧酒。　　　　　　　　　　(强调语气)

사과와 배를 샀다.
사과랑 배랑 샀다.
사과며 배를 샀다.
사과하고 배하고 샀다.
买了苹果和梨子。

01 다음에서 밑줄 친 조사 부분을 잘못 사용한 문장은 어느 것인가?

　　下面各句中划线的助词，**使用错**的是哪个？

① 어제는 과일<u>과</u> 채소<u>와</u> 샀습니다.

② 어제는 과일<u>이랑</u> 채소<u>랑</u> 샀습니다.

③ 어제는 과일<u>하고</u> 채소<u>하고</u> 샀습니다.

④ 어제는 과일<u>이며</u> 채소<u>며</u> 샀습니다.

02 다음 중 예문과 의미가 가장 비슷한 문장을 고르시오.

　　请选出下面句子中，与例句意思**最为接近的**一项。

> 예문 : 산에는 개나리**에** 진달래**에** 꽃들이 많이 피었다.

① 산에는 개나리와 진달래 외에 다른 꽃들만 많이 피었다.

② 산에는 개나리, 진달래가 많이 피었다.

③ 산에는 개나리며 진달래며 많은 꽃들이 피었다.

④ 산에는 개나리하고 진달래꽃이 많이 피었다.

03 예문 중 ( ) 안에 들어갈 조사가 어색한 조합은 어느 것인가?

　　下面例句中的括号里，如果填写助词，哪个**是错的**？

> 예문 : 어제는 장대비(㉠) 바람(㉡) 불어서 걷기가 힘들었다.
>
> 例句 : 昨天下大雨，而且又刮风，所以走起路来很吃力。

① ㉠ 에　 － ㉡ 까지　　　② ㉠ 에다 － ㉡ 도

③ ㉠ 에다 － ㉡ 까지　　　④ ㉠ 에　 － ㉡ 에다

🪭 정답(答案)

01 ① : '와/과' 접속 조사는 마지막 체언에 사용하지 않는다.

  : 와/과 : 不跟最后一个体词连接。

  例句)昨天买了水果和蔬菜。

02 ③ : 예문 '산에는 개나리에 진달래에 꽃들이 많이 피었다'는

  '산에는 개나리와 진달래 외에 다른 꽃들도 많이 피었다'라는 의미이다.

  : 例句)山上盛开了迎春花,杜鹃花等很多花'的意思是

  '山上除了迎春花,杜鹃花以外,还盛开了很多别的花'。

  ③ 山上除了迎春花,杜鹃花以外,很多别的花也盛开了。

  ① 山上除了迎春花,杜鹃花以外,很多别的花盛开了。

  ② ④ 山上盛开了迎春花,杜鹃花。

03 ④ : ① 어제는 장대비에 바람까지 불어서 걷기가 힘들었다.

  ② 어제는 장대비에다 바람도 불어서 걷기가 힘들었다.

  ③ 어제는 장대비에다 바람까지 불어서 걷기가 힘들었다.

  위 세 문장은 조사 조합이 어색하지 않은 조합으로 '장대비가

  오는 상황에 바람도 불어서 걷기 힘들었다'라는 의미이다.

  上面①,②和③句子的意思差不多,意思是

  '昨天下大雨,而且刮了风,所以走起路来很吃力'。

  그러나 ④ '어제는 장대비에 바람에다 불어서 걷기가 힘들었다'는 틀린 문장이다.

  但是 ④ '어제는 장대비에 바람에다 불어서 걷기가 힘들었다'的句子不正确。

  '에다'는 주어 역할을 하는 조사로는 사용하지 않는다.

  '에다' 不能起主格助词的作用。

  바람이 불다(刮风)   (O)

  바람도 불다(还刮风))   (O)

  바람까지 불다(而且刮风)   (O)

  바람에다 불다   (X)

⑤ 표현이 다른 단어
　　不同表现的生词

1. 한국어와 중국어 의미는 같으나, 음절이 바뀌어 표현되는 단어
　　韩语和汉语意思一样,但书写顺序相反的生词。

한국어(한국 한자) – 중국어(간체자)
　韩语生词(韩国汉字) – 中文(简体字)

1) 고사성어(故事成語) – 成语故事　　2) 군계일학(群鷄一鶴) – 鶴立鸡群

3) 동고동락(同苦同樂) – 同甘共苦　　4) 분발하다(奮發하다) – 发奋

5) 3박 4일(3泊4日) – 4天3夜　　6) 선조(先祖) – 祖先

7) 승패(勝敗) – 输赢　　8) 여과(濾過) – 过滤

9) 지피지기(知彼知己) – 知己知彼　　10) 죽마고우(竹馬故友) – 青梅竹马

11) 하루빨리 – 早日　　12) 현모양처(賢母良妻) – 贤妻良母

13) 황금색(黃金色) – 金黄色

2. 중국과 다르게 표현하는 단어
　　跟中文汉字意思有差别的韩国生词。

1) 공부(工夫), ~하다# – 学习　　2) 눈치 – 眼力见儿

3) 야심만만(野心滿滿) – 野心勃勃　　4) 인간미(人間味) – 人情味

5) 재떨이 – 烟碟儿　　6) 천만다행(千萬多幸) – 万幸

7) 초보(初步) – 新手　　8) 횡단보도(橫斷步道) – 人行横道

　　# 한국어에서도 학습(學習)의 의미로 중국어의 '学习'과 같은 뜻으로 '학습하다'라는 단어도 있다.
　　# 跟汉语的'学习'意思一样的韩国生词也有,'학습하다(學習하다)'。

3. 중국에는 음절이 바뀐 두 단어가 있으나, 한국에는 한 가지만 있는 단어
　　在中国是两个生词,顺序可以颠倒,但意思却是一个。
　　而韩国却只用一个生词。

한국어(한국 한자) – 중국어(간체자)
　韩语生词(韩国汉字) – 中文(简体字)

1) 도달(到達) – 到达, 达到　　2) 상호(相互) – 相互, 互相

3) 양식(樣式) – 样式, 式样　　4) 정숙(靜肅) – 静肃, 肃静

5) 질투(嫉妬) – 嫉妒, 妒忌　　6) 한계(限界) – 限界, 界限

7) 형제(兄弟) – 兄弟, 弟兄　　8) 획책(劃策) – 划策, 策划

제5장

관형사 冠词

관형사란 冠词

🐼 체언을 꾸며주는 역할을 하는 품사이다.

　　冠词：起修饰体词作用的词类。

관형사의 종류 冠词的种类

성상 관형사, 지시 관형사, 수량 관형사가 있다.

　: 有性状冠词, 指示冠词, 数量冠词。

🐼 성상 관형사

　性状冠词

: 사물의 성질이나 상태를 나타내는 관형사를 가리킨다.

　性状冠词是表示事物性质或状态的冠词。

－ 새 : 처음 마련하거나 생겨난

　　: 初始的, 新的, 没有用过的。

　　① 그가 산 새 차는 상당히 고급차다.　　　　　　　('새'는 '차'를 수식)

　　　① 他买的新车相当的高级。　　　　　　　　　　　('새'修饰'차')

－ 헌 : 오래되고 낡은

　　: 陈旧的, 过时的, 过去的。

　　② 요즘 헌책방을 보기가 힘들어졌다.　　　　　　　('헌'은 '책'을 수식)

　　　② 近来很难看到二手书店。　　　　　　　　　　　('헌'修饰'책')

- 첫 : 처음의

  : 初,第一次,最初

  ③ 누구나 **첫** 사랑은 있다.   ('첫'은 '사랑'을 수식)

  ③ 谁都有初恋。   ('첫'修饰'사랑')

- 옛 : 지나간 때의

  : 古,旧,古老,以前,从前

  ④ **옛** 사람은 항상 잊혀져 간다.

  ④ 古人总是被遗忘。

- 온갖 : 여러 가지의

  : 所有,整个

  ⑤ 그는 **온갖** 시련을 겪고 오늘의 성공을 이룬 사람입니다.

  ⑤ 他经历了所有的风风雨雨,成为今天成功人士。

- 갖은 : 여러 가지의

  : 各种各样

  ⑥ **갖은** 고생을 다 이겨내고 견디어 왔습니다.

  ⑥ 吃尽了各种各样的苦头,一直坚持了下来。

- 외딴 : 홀로 떨어져 있는

  : 孤零零,偏僻

  ⑦ 아무도 살지 않는 **외딴** 섬을 무인도라 부릅니다.

  ⑦ 无人居住的孤岛被称作无人岛。

- 오른 : 오른쪽을 가리키는 말

  右 : 指示右边。

- 왼 : 왼쪽을 가리키는 말

  左 : 指示左边。

  ⑧ **오른**손을 사용하는 사람은 **왼**손을 사용하는 사람을 차별하면 안 된다.

  ⑧ 右手撇不能歧视左手撇。

- 맨 : 더 할 수 없을 정도로, 다른 것은 섞이지 않은

  : 最,只有,最先

⑨ 오늘 철수가 **맨** 처음으로 교실에 들어왔다.

　　⑨ 今天[哲洙]最先走进教室。

⑨' 그는 아무 것도 없이 맨손으로 성공을 이룬 사람이다.

　　⑨' 他是位白手起家的成功人士。

－ 딴 : 아무런 관계가 없는, 다른

　　: 第三者的, 别的

⑩ 그는 마치 **딴** 사람처럼 행동하였다.

　　⑩ 他好像变了一个人似的。

－ 다른 : 지금까지의 대상 이외의

　　: 另外的, 别的

⑪ 아는 사람이 부모 외에 **다른** 사람은 없는지요?

　　⑪ 除了父母以外, 没有别的认识的人吗?

－ 순 : 다른 것과 섞이지 않은

　　: 纯, 纯粹

⑫ 이 제품은 순 살코기로만 만들어진 건강에 좋은 식품입니다.

　　⑫ 这产品由纯瘦肉做的, 是有益于健康的好食物。

－ 근 : 어느 수량에 가까운

　　: 几乎, 差不多, 近

⑬ 그가 오늘 달린 거리는 근 3Km가 된다.

　　⑬ 他今天跑了将近三公里的距离。

🐼 지시 관형사
指示冠词

: 대상(사람이나 사물)을 가리키는 관형사를 말한다.

　: 是指示人或事物的冠词。

⑴ 형태(形态) : **이(这), 그(那), 저(那)**

　－ 이(这) : 듣는 사람보다 말하는 사람에게 더 가까이 있는 대상을 가리킨다. 또는 양자에
　　　　　매우 가까이 있는 대상을 가리킨다.

　－ 被指示的事物离话者较近, 离听者较远。或者是指离话者和听者很近的事物。

84

말하는 사람이 생각하고 있는 대상을 가리킨다.

是指话者想的事物。

- 그(那) : 말하는 사람에겐 멀고 듣는 사람에게 가까이 있는 대상을 의미한다.

被指示的事物离话者较远,离听者较近。

말하는 사람과 듣는 사람이 같이 알고 있는 대상을 의미한다.

是指话者和听者都知道的事物。

- 저(那) : 말하는 사람과 듣는 사람에게 멀리 있는 대상을 가리킨다.

被指示的事物离话者,听者都远。

📖 (例句)

① **이** 책은 내가 너에게 주려고 산 책이다.

① 这本书是我买给你的书。

의미 : 책은 나에게는 가까이 있고 상대방에게는 떨어져 있다.

意思 : 被指示的书离话者较近,离听者较远。

② 지난번에 내가 주었던 **그** 책 다 읽었는지?

② 上次给你的书,看完了吗?

의미 : 책은 나로부터는 멀리 있고 상대방에게는 가까이 있다.

또는 서로 어떤 책을 얘기하고 있는지를 알고 있는 책.

意思 : 被指示的书离话者较远,离听者较近。

话者,听者双方都知道是哪本书。

③ 네가 **그** 날 얘기했던 책이 **저** 책이냐?

③ 那天你说的书是那本书吗?

의미 : 그 날은 서로 알고 있는 날이고, 책은 현재 서로에게 떨어져 있다.

意思 : 双方都知道话者说的日子,被指示的书离话者,听者都远。

(2) 형태(形态) : **이런(这样), 저런(那样), 그런(那样)**

- **이런** : 앞에서 '**이**'가 가리키는 대상과 같은 형상이나 성질을 갖고 있는 대상을 의미.

- 这样 : 是指跟上边'**이(这)**'表示事物的形象和性质一样的事物。

- **그런** : 앞에서 '**그**'가 가리키는 대상과 같은 형상이나 성질을 갖고 있는 대상을 의미.

- 那样 : 是指跟上边 '**그(那)**'表示事物的形象和性质一样的事物。

– **저런** : 앞에서 '저'가 가리키는 대상과 같은 형상이나 성질을 갖고 있는 대상을 의미.

  – 那样 : 是指跟上边 '저(那)'表示事物的形象和性质一样的事物。

예 (例句)

  ① **이런** 옷차림으로 외출을 할 수는 없다.

    ① 不能穿这样的服装出去。

  ② **그런** 모양새로 여기에 나타나다니 정말 용감하구나!

    ② 穿成那样来这儿,真勇敢!

  ③ 너는 절대로 **저런** 사람과는 사귀어서는 안 된다.

    ③ 你可别跟那样的人打交道。

\# '이런, 그런, 저런'의 문장은 대개 좋지 않은 의미의 부정적인 표현이 많다.

  \# 用 '이런, 그런, 저런'的句子,大部分有不好的,否定的意思。

(3) 형태(形态) : 모든(所有), 무슨(什么), 아무(随便), 어느(哪个), 어떤(什么样)

  – **모든** : 해당되는 형태 전부를 가리킨다.

    – 所有 : 相当于特定条件的所有事物。

  ① 안에 있는 **모든** 물건은 갖고 나오너라.   (형태 전부)

    ① 请拿出里面所有的东西。   (所有的事物)

  – **무슨** : 무엇인지 모르는 대상을 의미한다.

      : 예상하지 않은 못마땅한 일을 강조할 때 쓰는 말이다.

    – 什么 : 是指不知道的事物,或没想到的。在不满意的情况下,表示不满意的感情。

  ② 지난 밤에 **무슨** 일이 있었는지요?   (의문)

    ② 昨晚发生了什么事情吗?   (疑问)

  ③ 지금 **무슨** 말씀을 하시는 건지요?   (못마땅한 표현)

    ③ 现在你说什么呢?   (表示不满意)

  ④ 대낮에 **무슨** 술을 마시고 있는 것인지?   (못마땅한 표현)

    ④ 大白天喝什么酒呢?   (表示不满意)

  – **아무** : 대상을 정하지 않았을 때 이를 가리키는 말이다.

    – 随便 : 表示还没决定的事物,人物或者时间。

⑤ 아무 날이나 오세요, 괜찮습니다.   (정하지 않음)

  ⑤ 随便哪天来, 都可以。   (还没定好时间)

- 어느 : 둘 이상의 대상 중 대상이 되는 것을 알지 못할 때 사용한다.

       : 정도나 수량을 물을 때, 정도, 수량, 장소를 막연하게 가리킬 때 쓰는 말이다.

  - 哪个 : 当问的对象为两个以上的事物时使用。

       : 问程度或数量, 指含糊的程度, 数量或地方。

⑥ 어느 것이 맞는 답입니까?   (의문)

  ⑥ 哪个是正确的答案?   (疑问)

⑦ 부산은 서울에서 어느 만큼 떨어져 있나요?   (의문)

  ⑦ 釜山离首尔有多远?   (疑问)

⑧ 옛날 어느 마을에 한 형제가 살고 있었다.   (막연)

  ⑧ 古时候某个村里住着一对兄弟。   (含糊)

- 어떤 : 대상에 대해 알지 못하는 성상과 상황을 의미한다.

       : 대상을 특별히 제한하지 않고 모두를 의미한다.

  - 什么样 : 指不知道的状况和性状。不限制特定的条件, 指所有的人或事物。

⑨ 그는 도대체 어떤 사람이니?   (의문)

  ⑨ 他到底是个什么样的人?   (疑问)

⑩ 이런 상황에서는 어떤 사람도 화를 낼 것이다.   (모두)

  ⑩ 在这种情况下, 谁都会生气。   (所有)

🐼 수(량) 관형사 : 수와 양을 나타내는 관형사를 의미한다.

数(量)冠词 : 指数和量的冠词。

⑴ 수량 관형사는 '한, 두, 세, 네, 다섯, 여섯, 일곱, 여덟, 아홉, 열' 등과 같이 '한', '두', '세', '네' 는 관형사 고유의 형태를 가지고 '다섯' 이후는 수사와 모양이 같다. (20은 '스무')

⑴ 数量冠词的形态是 '한, 두, 세, 네, 다섯, 여섯, 일곱, 여덟, 아홉, 열', 数量冠词 '한', '두', '세', '네' 是冠词固有形态, '다섯' 以后的形态跟数词一样。

(但是 '20' 是 '스무')

(2) 수량 관형사는 뒤의 체언(주로 명사)을 수식한다.

　　수사와 유사하지만 수사와 달리 조사와 결합하지 않는다.

　　(2) 数量冠词修饰后面的体词(主要名词)。数量冠词跟数词差不多,不能跟助词连接。

　　　① 영희는 모두 **다섯** 켤레의 구두가 있다.　　　　　　　　　　　(관형사)

　　　　① [英喜]一共有五双皮鞋。　　　　　　　　　　　　　　　　　(冠词)

　　　② 우리 **다섯**이 함께 의견을 같이 냅시다.　　　　　　　　　　(수사)

　　　　② 我们五个人一起出建议吧。　　　　　　　　　　　　　　　(数词)

(3) '**한, 두, 세, 네**'는 뒤에 나오는 명사(의존명사)에 의해 '**한, 두, 석, 넉**' 또는 '**한, 두,
　　서, 너**' 형태로 표현되기도 한다.

　　(3) '**한, 두, 세, 네**' 按照后面的依存名词,用'**한, 두, 석, 넉**' 或者 '**한, 두,
　　　　서, 너**'来表示。

– '**한, 두, 세, 네**'는 명사 '대, 잔, 장, 줄, 짝, 뼘, 돈'과 잘 어울린다.

　– '**한, 두, 세, 네**'和依存名词 '台,杯,张,线,双,拃,盾#¹'搭配。

　　　　　　　　　　　　　　#¹ 盾：韩国的金子单位

　　　　　　한 대, 두 대, 세 대, 네 대 (台)

　　　　　　한 잔, 두 잔, 세 잔, 네 잔 (杯)

　　　　　　한 줄, 두 줄, 세 줄, 네 줄 (线)

– '**한, 두, 석, 넉**'은 '냥, 되, 섬, 자, 대, 잔, 장, 줄'과 어울린다.

　– '**한, 두, 석, 넉**'和名词'两,升,石,尺,台,杯,枚,线'来搭配。

　　　　　　한 섬, 두 섬, 석 섬, 넉 섬(石)

　　　　　　한 자, 두 자, 석 자, 넉 자(尺)

– '**한, 두, 서, 너**'는 명사 '말, 푼'과 잘 어울린다.

　– '**한, 두, 서, 너**'和名词'斗,文'搭配。

　　　　　　한 말, 두 말, 서 말, 너 말(斗)

　　　　　　한 푼, 두 푼, 서 푼, 너 푼(文)

예 (例句)

　① 내 코가 **석 자**　　　　　　　　　　　　　　　　　　　　– 속담 #²

　　① 吾鼻三尺,爱莫能助。泥菩萨过河,自身难保。　　　　　　– 俗语 #²

#² 속담) 나의 콧물이 석 자나 되어 내 콧물 닦기도 바빠서
　　　 다른 사람을 도와주거나 돌볼 겨를이 없다.
　　　 내 앞에 닥친 일이 더 시급하여 남을 돌보아주거나 도와줄 여유가 없다.
　　 #² 俗语) 我的鼻涕流了三尺长, 忙于擦鼻涕, 无暇旁顾。
　　　 我面前的事更紧迫, 没时间去照顾和帮助别人。

② 겉보리 **서 말**이면 처가살이는 안 한다.　　　　　　　　　　　　　　－ 속담 #³

② 如果家里有三斗麦皮的话, 绝对不当倒插门女婿。　　　　　　　　　　－ 俗语 #³

#³ 속담) 결혼은 했으나 매우 가난해서 처가집에서 생활을 하게 되면 매우 부끄러운
　　　 일이므로, 최소한의 여유만 있다면 가능한 한 처가집의 신세를 지지 않는다.
　　 #³ 俗语) 结婚了, 可是很穷。所以只能在丈母娘家生活, 很无耐, 很惭愧。
　　　 如果富裕一点儿的话, 不会在丈母娘家里生活。

③ 중매는 잘하면 술이 **세 / 석 잔**, 못하면 뺨이 **세 / 석 대**　　　　　－ 속담#⁴

③ 做媒做得好敬三杯酒, 做媒做得不好被打三个嘴巴。　　　　　　　　　－俗语#⁴

#⁴ 속담) 중매는 잘하면 고맙다는 인사를 받지만,
　　　 중매를 잘못하면 욕을 먹는다는 의미의 속담이다.
　　 #⁴俗语) 做媒做得好的话, 会受到称赞, 做媒做得不好的话, 会被埋怨。

(4) 수량이 확실하지 않으나 수량을 표현하는 관형사도 있다.

　⑷ 表示不确定数量的冠词。

　 － **한두** : 확실하지는 않으나, 그 수량이 하나나 둘인 경우를 의미한다.

　　 － 一二 : 不确定, 可能是一个或者两个。

　 － **두세** : 확실하지는 않으나, 그 수량이 둘이나 셋인 경우를 의미한다.

　　 － 二三 : 不确定, 可能是两个或者三个。

　 － **서너** : 확실하지는 않으나, 그 수량이 셋이나 넷인 경우를 의미한다.

　　 － 三四 : 不确定, 可能是三个或者四个。

　 － **네다섯** : 확실하지는 않으나, 수량이 넷이나 다섯인 경우를 의미한다.

　　 － 四五 : 不确定, 可能是四个或者五个。

　 － **대여섯** : 확실하지는 않으나, 수량이 다섯이나 여섯인 경우를 의미한다.

　　 － 五六 : 不确定, 可能是五个或者六个。

　 － **예닐곱** : 확실하지는 않으나, 수량이 여섯이나 일곱인 경우를 의미한다.

　　 － 六七 : 不确定, 可能是六个或者七个。

– **여남은** : 확실하지는 않으나, 열이 조금 넘는 수를 의미한다.

　– 十多 : 不确定, 可能是十几个。

① 오늘 회의에는 대략 **한두** 명이 빠지고, **대여섯** 명이 참석할 것 같다.

　① 今天的会议会少一两个人, 大概有五六个人会来参加会议。

② 어제 저녁에는 친구 세 명과 맥주 **예닐곱** 병을 마신 것 같다.

　② 昨晚跟三个朋友大概喝了六七瓶啤酒。

③ 상점 문을 열자, **여남은**이나 되는 사람들이 몰려들었다.

　③ 商店一开门, 就拥进来十多个人。

새 新　　　　　　　　　　헌 旧

문제 问题

01 A의 물음에 답한 B의 대답 중 관형사가 어색한 문장은 어느 것인가?

　　对 'A'的提问 'B'的回答中,哪个冠词是不合适的?

> A : 지난 번에 내가 주었던 그 책은 어떻게 생각하니?
>
> A : 上次我给你的那本书怎么样?

　① B : 그 날 주었던 그 책은 아직 다 읽지 못했어.

　② B : 저 책보다 너무 내용이 많아서

　③ B : 지금 내 손에 있는 저 책을 다 보고 그 책을 읽을 예정이야.

　④ B : 그런 책은 구하기 힘든 귀한 책 같아!

02 다음에서 ( ) 안에 관형사 '무슨'을 넣으면 어색한 문장은 어느 것인가?

　　下面句中括号里,填'무슨'的话,哪个是不恰当的?

　① 지난 밤에 ( ) 일이 있었니?　　　② 편하신 ( ) 날이나 오세요, 괜찮습니다.

　③ 지금 ( ) 말씀을 하시는 건지요?　　④ 대낮에 ( ) 술을 마시고 있는 것인지?

03 다음 예문 중 ( ) 안에 적합한 관형사는 어느 것인가?

　　下面例句的括号里,哪个冠词是正确的?

> 예문 : (1) 철수는 모두 (㉠ 5) 켤레의 구두가 있다.
>
> 　　　(1) [哲洙]一共有(㉠ 5)双皮鞋。
>
> 　　(2) 내 코가 (㉡ 3) 자.
>
> 　　　(2) 我的鼻涕流了(㉡ 3)尺长。
>
> 　　(3) 중매는 잘하면 술이 (㉢ 3) 잔, 못하면 뺨이 (㉣ 3)대.
>
> 　　　(3) 做媒做得好敬(㉢ 3)杯酒,做媒做得不好被打(㉣ 3)个嘴巴。

	㉠	㉡	㉢	㉣
①	오	삼	석	석
②	다섯	석	세	세
③	오	석	세	세
④	다섯	삼	석	석

정답(答案)

01 ③ : ③에서 현재 말하는 사람 손에 있는 책을 가리킬 경우, '**이**'를 사용해야 한다.

: ③ 表示现在话者手里的书时,一定用'**이**'。

③ B : 지금 내 손에 있는 **이** 책을 다 보고 **그** 책을 읽을 예정이야.

③ B : 等我看完手里的这本书,然后再打算看那本书。

① B : 那天你给我的那本书,我没读完。

② B : 我觉得比那边的那本书,内容多得多。

④ B : 我觉得那样的书好像很难买。

02 ② : '**무슨**'은 무엇인지 모르는 대상을 가리키거나, 예상하지 않은 못마땅한 일을
강조할 때 쓰는 말로 ①, ③, ④의 괄호에는 '**무슨**'은 적합한 표현이다.

: '**무슨**'是指不知道的事物,或没想到的。在不满意的状况下,表示不满意的感情。

①, ③和 ④的括号里填'**무슨**'是合适的。

① 지난 밤에 **무슨** 일이 있었니?	(의문)
① 昨晚发生了什么事情吗?	(疑问)
③ 지금 **무슨** 말씀을 하시는 건지요?	(못 마땅한 표현)
③ 现在你说什么呢?	(表示不满意)
④ 대낮에 **무슨** 술을 마시고 있는 것인지?	(못마땅한 표현)
④ 大白天喝什么酒呢?	(表示不满意)

그러나 ②는 '**무슨**' 보다는 '**아무**'가 적합하다.

'**아무**'는 대상을 정하지 않았을 때 사용한다.

但是 ②括号里'**아무**'比'**무슨**'合适。'**아무**'表示还没决定好的事物,人物或者时间。

② 편하신 **무슨** 날이나 오세요, 괜찮습니다.	(X)
편하신 **아무** 날이나 오세요, 괜찮습니다.	(O)

随便哪天来,都可以。

03 ② : (1) '철수는 모두 **다섯** 켤레의 구두가 있다'.

: (1) [哲洙]一共有五双皮鞋。

(2) '내 코가 **석** 자'.

(2) 我的鼻涕流了三尺长,意思是'泥菩萨过河,自身难保'。

의존 명사 '자'는 '**한, 두, 석, 넉**' 과 잘 어울린다.

'내 코가 **석** 자'는 관용화된 속담이다.

和依存名词'자',冠词'**한, 두, 석, 넉**' 很合适。

'내 코가 **석** 자'是常用的俗语。

(3) '중매는 잘하면 술이 **세** 잔, 못하면 빰이 **세** 대.

(3) 做媒做得好敬三杯酒,做媒做得不好被打三个嘴巴。

의존 명사 '잔'은 '**한, 두, 석, 넉**'과 잘 어울리나
현대 한국어에서는 '**한, 두, 세, 네**'도 많이 사용한다.

和依存名词'잔',冠词'**한, 두, 석, 넉**'很搭配。
但是现在更常用'**한, 두, 세, 네**'.

제6장

부사 副词

 ## 부사란 什么是副词？

용언 뿐만 아니라 명사, 관형사, 다른 부사를 수식하고, 또는 전체 문장 앞에서
문장을 수식해서 그 뜻을 분명하게 하거나 강조하는 역할을 한다.
　　在句子中不仅修饰谓词,还修饰名词,冠词和其他副词,
　　并且在句子的前面修饰整个句子,起明确或强调的作用。

 ## 부사의 종류 副词的种类

성분 부사와 문장 부사로 분류한다.
　　有两种：有两种成分副词和句子副词。
– 성분 부사 : 문장의 한 성분을 수식하는 부사이다.
　　　　세분하면 **성상 부사, 지시 부사, 부정 부사, 상징 부사**가 있다.
– 成分副词 : 修饰句子中的一个成分。
　　　　　　细划分的话,有性状副词,指示副词,否定副词和象征副词。
– 문장 부사 : 문장 전체를 수식하는 부사로, **양태 부사, 접속 부사**가 있다.
　　– 句子副词 : 修饰整个句子。细划分的话,有样态副词和接续副词。

🐼 **성분 부사 : 문장 내에서 용언, 관형사, 명사, 부사 등을 수식한다.**
　　成分副词：修饰句子中的谓词,名词,冠词和别的副词。

(1) 성상 부사 : 대상의 상태, 형상, 성질을 꾸미는 부사이다.

　　(1) 性状副词：修饰状态,形象和性质的副词。

　　– 형태(形态) : **잘**(好), **겨우**(好不容易), **멀리**(远), **참**(真), **다**(全), **모두**(一共,全部),

　　　　아주(非常), **매우**(很), **특히**(特别), **바로**(就) 等。

– 대부분의 성상 부사는 용언을 수식하는 경우가 많다.

　　– 大部分性状副词修饰谓词。

① 철수는 그 사실에 대해 **잘** 알고 있다.　　　　　　　　(용언 '알고'를 수식)

　　① [哲洙]对那件事很了解。　　　　　　　　　　　　　(修饰谓词 '알고')

② 시험에 **겨우** 합격하였다.　　　　　　　　　　(용언 '합격하였다'를 수식)

　　② 考试好不容易合格了。　　　　　　　　　　(修饰谓词 '합격하였다')

③ 철수는 공부를 **참** 잘한다.　　　　　　　　　　(용언 '잘한다'를 수식)

　　③ [哲洙]学习非常好。　　　　　　　　　　　　(修饰谓词 '잘한다')

④ 올 사람은 **다** 왔다.　　　　　　　　　　　　(용언 '왔다'를 수식)

　　④ 该来的人都到齐了。　　　　　　　　　　　(修饰谓词 '왔다')

⑤ 운동장에는 **모두** 합해서 백 명이 모였다.　　　(용언 '합하다'를 수식)

　　⑤ 操场上一共聚集了一百个人。　　　　　　　(修饰谓词 '합하다')

⑥ 영희는 중국어를 **아주** 잘한다.　　　　　　　　(용언 '잘한다'를 수식)

　　⑥ [英喜]中文说得很好。　　　　　　　　　　(修饰谓词 '잘한다')

⑦ 이 책은 **아주** 새 책이다.　　　　　　　　　　(관형사 '새'를 수식)

　　⑦ 这是一本非常新的新书。　　　　　　　　　(修饰冠词 '새')

⑧ 차를 **매우** 빨리 운전하는 것은 위험한 일이다.　(부사 '빨리'를 수식)

　　⑧ 车开得非常快是一件危险的事。　　　　　　(修饰副词 '빨리')

⑨ 영희는 역사에 대해 **특히** 잘 알고 있다.　　　(부사 '잘'을 수식)

　　⑨ [英喜]对历史特别了解。　　　　　　　　　(修饰副词 '잘')

⑩ **특히** 퇴근 시간에는 길이 더 막힌다.　　　(명사 '퇴근 시간'을 수식)

　　⑩ 特别是下班时间,路上更堵车。　　　　　　(修饰名词 '퇴근 시간')

⑪ 내가 가고 싶은 곳이 **바로** 만리장성이다.　　(명사 '만리장성'을 수식)

　　⑪ 我想去的地方就是万里长城。　　　　　　　(修饰名词 '만리장성')

'아주', '특히', '바로'는 용언뿐 아니라 명사와 관형사를 수식하는 경우가 많다.

　　# '아주', '특히', '바로'不仅修饰谓词,而且也常常都修饰冠词和名词。　　例(例句) ⑦, ⑩, ⑪

'매우', '특히' 는 다른 성분 외에도 부사를 수식하는 경우도 많다.

　　# '매우', '특히' 除了修饰一个成分以外,也常常修饰别的副词。　　例(例句) ⑧, ⑨

(2) 지시 부사 : 장소나 시간을 가리키는 부사이다.

  (2) 指示副词 : 是指地点或时间的副词。

  – 형태(形态) : **이리**(这儿), **그리**(那儿, 不那么), **저리**(那儿), **오늘**(今天), **내일**(明天),

        언제(什么时候)

    ① 학생 여러분 **이리** 와서 줄 서세요.   (용언 '와서'를 수식)

      ① 同学们请到这儿排队。   (修饰谓词 '와서')

    ② 이 상품은 **그리** 좋아 보이지 않는다.   (용언 '좋아'를 수식)

      ② 这产品看起来不那么好。   (修饰谓词 '좋아')

    ③ 이 소포 **오늘** 보내면 내일이면 도착할 것이다.   (용언 '보내면'을 수식)

      ③ 这个包裹今天寄的话, 明天就会到。   (修饰谓词 '보내면')

    ④ 우리는 **언제** 만날 수 있을까요?   (용언 '만날'을 수식)

      ④ 我们什么时候能见面?   (修饰谓词 '만날')

(3) 부정 부사 : 용언 앞에서 내용을 부정하는 부사이다.

  (3) 否定副词 : 在谓词前面否定谓词的内容。

  – 형태(形态) : **아니**(没, 不), **안**(没, 不), **못**(不能, 不会)

    ① 그는 밥은 **안** 먹고 빵만 먹는다.   (용언 '먹고'를 수식)

      ① 他不吃米饭只吃面包。   (修饰谓词 '먹고')

    ② 그냥 만나기만 한다면 **안** 만나는 것이 낫다.   (용언 '만나는'을 수식)

      ② 只是见面的话, 还不如不见。   (修饰谓词 '만나는')

    ③ 그는 독주를 **못** 마신다.   (용언 '마신다'를 수식)

      ③ 他不能喝烈酒。   (修饰谓词 '마신다')

(4) 상징 부사 : 사물 / 사람의 소리나 모양을 표현하는 부사이다.

  (4) 象征副词 : 表示事物或人的声音或样态的副词。

  – 형태(形态) : **쿵쿵**(咚咚), **철썩철썩**(啪哒啪哒), **울긋불긋**(花花绿绿),

        아장아장(摇摇晃晃), **사뿐사뿐**(轻盈地)。

① 철수는 북을 쿵쿵 쳤다.　　　　　　　　　　　　　　(사물의 소리)

　① [哲洙]咚咚地敲着鼓。　　　　　　　　　　　　　　(事物的声音)

② 파도가 바위에 철썩철썩 부딪치는 소리가 들려 왔다.　　(소리)

　② 听到了海浪啪哒啪哒拍打巨石的声音。　　　　　　　(声音)

③ 가을이라 단풍이 울긋불긋 아름답게 물들었다.　　　　(모양)

　③ 秋天来了,红叶被染得五彩缤纷的。　　　　　　　　(样态)

④ 아기가 아장아장 걸어 왔다.　　　　　　　　　　　　(모양)

　④ 幼儿摇摇晃晃地走了过来。　　　　　　　　　　　　(样态)

⑤ 한 소녀가 발걸음도 가볍게 사뿐사뿐 걸었다.　　　　(모양)

　⑤ 一个少女脚步轻盈地走着。　　　　　　　　　　　　(样态)

🐼 문장 부사 : 문장 전체를 수식하는 부사이다.

　句子副词 : 修饰整个句子的副词。

(1) 양태 부사 : 말하는 사람의 생각과 태도를 나타내는 부사이다.

　(1) 样态副词 : 表示话者的想法或态度的副词。

　　– 형태(形态) : **과연(果然), 설마(难道), 아마(可能), 아무쪼록(尽量), 결코(绝对), 제발(千万),**

　　　　확실히(确实地)

① **과연** 한국의 가을 날씨는 최상이구나.　　　　　　(동의와 감탄을 표현)

　① 韩国秋天的天气果然是最好的啊！　　　　　　(表示同意和感叹)

② **설마** 네가 이 사실도 모르고 있었다는 얘기는 아니겠지?

　② 难道你会说你不知道这件事吗？

　('설마 + 의문문' 형태로 많이 사용, 부정적인 추측을 표현)

　(常用'설마 + 疑问句'的形态,表示否定的推测。)

③ **아마** 내일은 비가 올 거야.　　　　　　　　　　　(약한 추측)

　③ 明天可能会下雨。　　　　　　　　　　　　　　(轻微的推测)

④ **아무쪼록** 사업이 번창하시기를 기원합니다.　　　　(바람을 표시)

　④ 总之祝事业有成,生意兴隆。　　　　　　　　　　(表示希望)

⑤ **결코** 그것은 우연한 일이 아니었다.　　　　　　　(강한 부정)

⑤ 那绝对不是一件偶然的事。 (强烈否定)

('결코 + 부정문' 형태로 많이 사용, 강한 부정을 표현)

(常用'결코 + 否定句'的形态,表示强的否定。)

⑥ 제발 부모님 말씀을 잘 들어라. (간절한 바람)

⑥ 拜托好好儿听父母的话吧。 (恳切的愿意)

⑦ 확실히 이 집의 음식은 맛이 있다. (강한 확신)

⑦ 这家饭店的饭菜确实很好吃。 (强烈肯定)

(2) 접속 부사 : 앞 문장과 뒤 문장을 연결시켜주는 부사이다.

(2) 连接副词 : 连接前面句子和后面句子的副词。

‒ 부사별로 나열, 역접, 조건, 전환, 대조, 양보, 부연 등의 의미를 갖는다.

‒ 副词有罗列,逆接,条件,转换,对照,让步,敷衍等的意思。

‒ 형태(形态) : **그리고(然后,接着-罗列), 그러나(可是-逆接), 그러면(那么-条件),**

그런데(不过-转换), 하지만(但是-让步,对照), 즉(敷衍), 및(罗列)

① 철수는 영희와 공원에 가서 배드민턴을 쳤다.

그리고 둘이 함께 영화를 보러 갔다. (나열)

① [哲洙]和[英喜]去公园打羽毛球,之后一起去看了电影。 (罗列)

② 많은 국가가 평화를 주창하고 있습니다.

그러나 한편에서는 군사력 경쟁을 계속하고 있습니다. (역접)

② 很多国家都提倡和平,但是另一面却在竞争军事力。 (逆接)

③ 철수야! 심부름 갔다 오너라. 그러면 이번 달 용돈을 주마. (조건)

③ [哲洙]! 你去跑趟腿儿吧! 那么我给你这个月的零用钱。 (条件)

④ 친구는 숙제를 다 했어요. 그런데 나는 아직 남았어요. (전환)

④ 朋友已做完作业,但是我还没做完。 (转换)

⑤ 비가 올 것처럼 잔뜩 흐려졌다. 하지만 비는 내리지 않았다. (대조)

⑤ 天阴蒙蒙的,好像要下雨,但又下不起来。 (对照)

⑥ 영희는 철수에게 헤어지자고 말했다고 한다.

즉, 철수는 실연을 당한 것이다. (부연)

⑥ 听说[英喜]对[哲洙]说分手,也就是说[哲洙]被甩了。 (敷衍)

⑦ 원서 교부 및 접수는 4월 30일까지입니다.   (단어 연결)

　　⑦ 申请书交付与接收, 截止到4月30号。   (连接生词)

⑧ 국가의 기본 요소는 영토, 주권 및 국민이다.   (단어 연결)

　　⑧ 国家的基本要素是领土, 主权和国民。   (连接生词)

'및'은 두 단어 이상을 연결할 때 두 단어를 이어주는 부사로 세 단어 이상일 경우 마지막 단어 앞에 사용한다.
　# '및'是连接两个以上生词的副词。三个生词以上时, 放在最后一个生词的前面。

 # 부사의 특징 副词的特点

🐼 부사와 체언 차이
副词和体词的区别

부사 중에는 체언(명사, 대명사)과 같은 모양인 경우가 있다.

　有的副词跟体词(名词和代词)一样。

차이는 조사가 붙을 수 있느냐 없느냐로 부사에는 조사가 붙을 수 없고, 체언 뒤에는 조사가 올 수 있다.

　区别是能不能连接助词, 副词的后面不能连接助词, 体词的后面能连接助词。

① 물에 깊이 들어가면 위험하다.   (부사 : 용언 수식)

　　① 进入深水处, 很危险。   (副词 : 修饰谓词)

② 깊이가 어느 정도 되는지?   (명사 + 주격 조사 '가')

　　② 深到什么程度?   (名词 + 主格助词 '가')

③ 높이 나는 새가 멀리 본다.   (부사 : 용언 수식)

　　③ 高飞的鸟看得远。(站得高, 望得远)   (副词 : 修饰谓词)

④ 저 산의 높이는 어느 정도지?   (명사 + 보조사 '는')

　　④ 那座山的高度大概是多少?   (名词 + 添意助词 '는')

⑤ 어디 갔다 왔느냐?   (부사 : 용언 수식)

　　⑤ 去哪儿了?   (副词 : 修饰谓词)

⑥ 어디로 가는 것이 좋을까?   (대명사 + 부사격조사 '로')

98

⑥ 去哪儿好啊？   (代词 + 状格助词 '로')

⑦ 이 소포 오늘 보내면   (부사 : 용언 수식)

    내일에는 도착할 것이다.   (명사 + 부사격조사 '에는')

      ⑦ 这个包裹今天寄的话，   (副词 : 修饰谓词)

        明天就会收到。   (名词 + 状格助词 '에는')

🐼 부사로 굳어진 단어

变成副词的生词

부사 중에는 다른 품사에서 파생되어 부사로 굳어진 단어가 있다.

有的副词是由其它词类演变成副词的。

⑴ 형용사 어간 + **이** #1   #1 파생어

  ⑴ 形容词词干 + '**이**' #1   #1 派生词

     예 (例子) : **많이(多多), 같이(一起), 쏜살같이(飞快地), 벼락같이(闪电般地),**

         불현듯이(突然), 달리(意料之外)

 – 많이(多多)   : 많(다) + '이'

                         : 多 + '이'

   : 수량, 분량, 정도가 일정 기준보다 넘게

     : 数量,分量或程度比一定的基准多

     ① 그는 열심히 일해서 돈을 많이 모았다.

       ① 他努力地做生意,挣了很多钱。

 – 같이(一起)   : ～ 같(다) + '이'

                       : 相同～ + '이'

   : 둘 이상의 사람이나 사물이 함께

     : 两个以上的人物或事物一起

     ② 친구와 같이 사업을 시작했다.

       ② 开始和朋友一起做生意。

   : 어떠한 상황이나 행동을 다름이 없이

     : 跟什么状况或行动一样

③ 선생님이 하신 것과 같이 해 보세요.

　　③ 试着跟老师一样地做吧。

　- 쏜살같이(飞快地) 　　　　　　　　: 쏜 (화)살과 같(다) + '이'

　　　　　　　　　　　　　　　　　　　: 像箭似的 + '이'

　　: 쏜 (화)살과 같이 매우 빠르게

　　　: 像箭似的飞快地

　　④ 백마가 바람을 가르며 쏜살같이 달렸다.

　　　④ 白马在风中飞驰。

　- 벼락같이(闪电般地,突然) 　　　　　: 벼락같(다) + '이'

　　　　　　　　　　　　　　　　　　　: 闪电似的 + '이'

　　: 일어난 행동이 몹시 빠르게, 뜻밖에 갑자기

　　　: 闪电般地,没想到突然

　　⑤ 밖에서 소리가 나자 벼락같이 달려 나갔다.

　　　⑤ 外边一响,就冲了出去。

　　⑥ 그의 사고 소식이 나에게 벼락같이 들렸다.

　　　⑥ 他出事的消息,像闪电一样传到我的耳中。

　- 불현듯이(像点燃的火一样(骤然间)) 　: 불현듯(하다) + '이'

　　　　　　　　　　　　　　　　　　　: 点燃似的 + '이'

　　: (불을 켜서 불이 일어나는 것과 같이) 갑자기 어떠한 생각이 걷잡을 수 없이
　　　일어나는 모양

　　　: (像点燃的火一样)突然想起了什么什么

　　⑦ 수박을 먹다 불현듯이 고향 생각이 났다.

　　　⑦ 吃西瓜的时候突然想起了故乡。

　- 달리(意料之外) #2 　　　　　　　　: 다르(다) + '이'

　　　　　　　　　　　　　　　　　　　: 不一样 + '이'

　　　　　　　　　　　#2 : 다르- + '-이' → 다ㄹㄹ- + -이 → 달리

　　　　　　　　　　　　　('르' 불규칙 형용사) ('르'的不规则形容词)

　　: 사정이나 조건 등이 같지 않게

　　　: 事情或条件不同

100

⑧ 친구와는 달리 생각하다.

⑧ 跟朋友有着不同地想法。

⑨ 예상과 달리 좋은 성적을 거두었다.

⑨ 取得了意料之外的好成绩。

(2) 동사 어간 + **-도록**

(2) 动词词干 + '**-도록**'

예 (例子) : **되도록**(尽量), **죽도록**(拼命,竭尽全力)

- **되도록**(尽量)   : 되(다) + '**-도록**'

                                              : 成为 + '**-도록**'

   : 될 수 있는 대로

     : 尽量, 尽可能, 尽快

   ① 이 일은 **되도록** 빨리 시작합시다.

     ① 这件事尽快开始吧。

- **죽도록**(拼命)   : 죽(다) + '**-도록**'

                                              : 死 + '**-도록**'·

   : 죽을 정도로 온 힘을 다해서

     : 竭尽全力, 拼命

   ② 젊었을 때 **죽도록** 일을 해서 지금의 성공을 이뤘다.

     ② 年轻时拼命地工作,取得了现在的成功。

(3) 명사 + **적**

(3) 名词 + **적**

- **비교적**(比较)   : 비교 + '**적**'

                                              : 比较 + '**적**'

   : 보통의 기대 수준보다는 다소 높은 수준의

     : 比一般的程度更 ~

   ① 오늘 시험에서는 **비교적** 쉬운 문제가 나왔다.

     ① 今天考试出了比较容易地问题。

01 다음에서 ( ) 속에 부사 '매우' 가 어색한 문장은 어느 것인가?

下面括号中填 '매우' 的话, 哪个 **是最不恰当的**?

① 철수는 공부를 ( ) 잘한다.

② 이번에 철수는 ( ) 합격하였다.

③ 차를 ( ) 빨리 운전하면 안 된다.

④ 퇴근 시간에는 차가 ( ) 막힌다.

02 다음에서 ( ) 속에 부사 '아주' 가 어색한 문장은 어느 것인가?

下面括号中填 '아주' 的话, 哪个 **是最不恰当的**?

① 영희는 중국어를 ( ) 잘한다.

② 이 책은 ( ) 새 책이다.

③ 철수는 역사에 대해 ( ) 잘 알고 있다.

④ 운동장에는 ( ) 합해서 백 명이 모였다.

03 다음 예문에서 ( ) 안에 가장 적합하지 않은 부사는 어느 것인가?

下面括号中, 哪个副词 **是最不恰当的**?

> 예문 : ( ) 퇴근 시간에는 길이 많이 막힌다.
>
>   ( ) 下班时路上很堵车。

① 오늘   ② 특히   ③ 참   ④ 확실히

04 다음 예문에서 ( ) 안에 가장 적합한 부사는 어느 것인가?

下面括号中, 哪个副词 **是最不恰当的**?

> 예문 : ( ) 내일은 비가 올 거야.
>
>   ( ) 明天会下雨。

① 아마   ② 설마   ③ 결코   ④ 제발

05 다음 예문에서 (   ) 안에 가장 적합한 부사는 어느 것인가?

下面括号中, 哪个副词**是最不恰当的**?

> 예문 : (   ) 모른다는 얘기는 아니겠지?
>
> (   ) 你不是说不知道吗?

① 과연　　　　② 설마　　　　③ 아무쪼록　　　　④ 제발

06 다음 예문에서 (   ) 안에 가장 적합한 부사의 조합은 어느 것인가?

下面括号中, 哪个副词**是最不恰当的**?

> 예문 : (㉠) 그는 독주를 (㉡) 마신 것은 아니었다.
>
> (㉠) 他不是(㉡) 喝烈酒。
>
> ① ㉠ 결코 ㉡ 이리　　　② ㉠ 결코 ㉡ 못
>
> ③ ㉠ 제발 ㉡ 이리　　　④ ㉠ 제발 ㉡ 못

07 다음 예문 중 (   ) 안에 적합한 접속 부사는 어느 것인가?

下面括号中, 哪个副词**是最不恰当的**?

> 예문 : 철수야! 심부름 갔다 오너라! (   ) 이번 달 용돈을 주마!
>
> [哲洙]!你去跑趟腿儿吧!(   )给你零用钱。

① 그리고　　　　② 그러나　　　　③ 그러면　　　　④ 하지만

08 다음 예문 ①, ②, ③, ④에서 부사를 모두 고르시오.

下面例句中的 ①, ②, ③, ④, 请选出**所有的副词**。

> 예문 : 물에 ① 깊이 들어가면 위험하다.
>
> 저 산의 ② 높이는 어느 정도 되는지?
>
> ③ 어디 갔다 왔느냐?
>
> 그는 ④ 내일에는 도착할 것이다.

09 다음 예문 중 (   ) 안에 가장 적합한 부사의 조합은 어느 것인가?

下面的括号里,哪个副词**是最不恰当的**?

> 예문 : 그는 친구와 (㉠), (㉡) 일을 해서 오늘의 성공을 이루었다.
>
> 他(㉠)朋友(㉡)工作,得到今天的成功。

① ㉠ 같이 ㉡ 되도록   ② ㉠ 불현듯이 ㉡ 죽도록

③ ㉠ 같이 ㉡ 죽도록   ④ ㉠ 불현듯이 ㉡ 되도록

🪭 **정답(答案)**

01 ② : '매우'는 '보통 정도보다 훨씬 더'의 의미를 갖는 부사로,

　　비교하여 최상의 의미를 가지고 있다.

　　 : 副词'매우'是'比普通的程度更高,更厉害或非常'的意思。

　　따라서 비교하여 최상의 의미가 필요한 ①, ③, ④ 문장과 잘 어울린다.

　　　所以例句中 ①, ③和④的括号里'매우'很合适。

　　① 철수는 공부를 **매우** 잘한다.

　　　① [哲洙]学习很好。

　　③ 차를 **매우** 빨리 운전하면 안 된다.

　　　③ 车开得太快不行。

　　④ 퇴근 시간에는 차가 **매우** 막힌다.

　　　④ 下班高峰期路上车堵得很厉害。

　　② 예문 '이번에 철수는 (   ) 합격하였다'의 (   )에는 비교의 의미가 있는

　　　'**매우**'가 적합하지 않고, 결과를 단정짓는 부사 '**확실히**' 등이 적합하다.

　　　②　例句② '这次[哲洙](   )合格了'的括号里,

　　　　　用比较意思的副词'**매우**'(非常)不恰当,用结果意思的副词'**확실히**'(确实)更恰当。

　　② 이번에 철수는 **매우** 합격하였다.　　　　　　　　　(X)

　　②' 이번에 철수는 **확실히** 합격하였다.　　　　　(O)　　　　충분히 여유있게

　　　②' 这次[哲洙]确实合格了。　　　　　　　　　　　　　　　充分地

02 ④ : '아주'는 '보통 정도보다 훨씬 더 넘어선 상태로'의 의미를 갖는 부사로,

　　비교하여 최상의 의미를 가지고 있다. 용언 외에 관형어 수식도 많이 한다.

　　 : 副词'아주'是'超过了普通程度,非常,很,完全'的意思。

　　　除了修饰谓词以外,也修饰定语。

　　① 영희는 중국어를 **아주** 잘한다.

　　　① [英喜]中文说得很好。

② 이 책은 **아주** 새 책이다.   ('새'를 강조하는 부사)

  ② 这是一本非常新的书。   (强调定语'新'的副词)

③ 철수는 역사에 대해 **아주** 잘 알고 있다.

  ③ [哲洙]对历史非常了解。

④ '운동장에는 ( ) 합해서 백 명이 모였다'의 ( )에는 비교 의미의 부사는
   적합하지 않고 '**모두**' 등 수효나 양과 관련있는 부사가 적합하다.

  ④ 例句 ④ '操场上 ( )集合了一百个人'的括号里,
    比较意思的副词'아주'不恰当,数量意思的副词'모두(一共)'更恰当。

④ 운동장에는 **아주** 합해서 백 명이 모였다.   (X)

  ④' 운동장에는 **모두** 합해서 백 명이 모였다.   (O)   수량 관련

    ④' 操场上一共集合了一百个人。   数量关系

03 ③ : 부사 '**참**'은 '사실과 이치에 어긋나지 않고'의 의미로 용언이나 부사 수식에 적합하다.

    副词 '**참**'是'符合真相或道理,真的,真正'的意思,适合修饰谓词或副词。

  ③ **참** 퇴근 시간에는 길이 많이 막힌다.   (X)

  ③' 퇴근 시간에는 길이 **참** 많이 막힌다.   (O)

    ③' 下班高峰期路上真的堵车。

  ① **오늘** 퇴근 시간에는 길이 많이 막힌다.

    ① 今天下班高峰期路上堵车堵得很厉害。

   부사 '**오늘**'이 '퇴근'을 수식하면서 적합한 문장이다.

    副词 '**오늘**' 修饰 '퇴근',很恰当。

  ② **특히** 퇴근 시간에는 길이 많이 막힌다.

    ② 特别是下班高峰期路上堵车堵得很厉害。

   부사 '**특히**'가 '퇴근'을 수식하면서 적합한 문장이다.

    副词'**특히**'修饰'퇴근',很恰当。

  ④ **확실히** 퇴근 시간에는 길이 많이 막힌다.

    ④ 能肯定下班高峰期的路上确实堵车堵得很厉害。

   '**확실히**'가 문장 전체를 수식하면서 적합한 문장이다.

    副词'**확실히**'修饰整个句子,是正确的。

04 ① : ① '**아마**'는 약한 추측   ① **아마** 내일은 비가 올 거야.

    : ① '**아마**'有可能的意思。   明天可能会下雨。

  ② '**설마**'는 '**설마** + 의문문' 형태로 부정적 추측을 표현

    ② '**설마** + 疑问句'的形式,表示否定的推测。

  ③ '**결코**'는 '결코 + 부정문' 형태로 강한 부정을 표현

    ③ '**결코** + 否定句'的形式,强调否定。

  ④ '**제발**'은 간절한 부탁이나 바람을 표현

    ④ '**제발**'表示诚恳的请求或意愿。

05　②：② '**설마** 모른다는 얘기는 아니겠지?'가 가장 어울림

② '难道你会说你不知道这件事吗？'是最恰当的。

① '**과연**'은 동의와 감탄을 표현

① '过然' 表示同意或感叹。

③ '**아무쪼록**'은 기원이나 바람을 표현

③ '아무쪼록' 表示祈愿或意愿。

④ '**제발**'은 간절한 부탁이나 바람을 표현

④ '제발' 表示诚恳的请求或意愿。

06　②：'**결코**'는 '**결코** + 부정문' 형태로 강한 부정을 표현

：'**결코** + 否定句'的形式，强调否定。

② '**결코** 그는 독주를 **못** 마신 것은 아니었다'.

② 他并不是不能喝烈酒的。

'**못**'은 용언을 수식하면서 능력을 부정한다

'**못**'修饰谓词，否定能力。

'**제발**'은 간절한 부탁이나 바람을 표현

'제발' 表示诚恳的请求或意愿。

'**이리**'는 장소를 가리키는 부사

'이리'是副词，表示场所。

07　③：③ '**그러면**'은 조건 관계 접속 부사

：③ '그러면'是条件关系的连接副词。

③ 철수야! 심부름 갔다 오너라! **그러면** 이번 달 용돈을 주마!

③ 你去跑趟腿儿的话，那么给你这个月的零用钱。

① '**그리고**'는 나열 관계 접속 부사

① '그리고'是罗列关系的连接副词。

② '**그리고**'는 역접 관계 접속 부사

② '그리고'是逆接关系的连接副词。

④ '**하지만**'은 대조 관계 접속 부사

④ '하지만'是对照关系的连接副词。

08　①. ③：물에 ①**깊이** 들어가면 위험하다.

进入深水处，很危险。

③ **어디** 갔다 왔느냐?

③ 去哪儿了？

저 산의 ②**높이**는 어느 정도 되는지?

那座山的高度大概是多少？

② '**높이**'는 명사로, 문장에서 '높이'는 주어

② '높이'是名词，在句子中起主语的作用。

그는 ④내일에는 도착할 것이다.

他明天就会到。

④ '내일'은 명사. 문장 중 '내일에는'은 부사어 역할

④ '내일'是名词.句子中的'내일에는'起状语的作用。

09 ③ : 그는 친구와 **같이** 일을 **죽도록** 해서 오늘의 성공을 이루었다.

他跟朋友一起拼命地工作,取得了现在的成功。

'**같이**'는 '둘 이상의 사람이나 사물이 함께'라는 의미

'**같이**'是'两个以上的人物或事物一起'的意思。

'**죽도록**'은 '죽을 정도로 온 힘을 다하여'라는 의미

'**죽도록**'是'竭尽全力'的意思。

⑥ 교통 기관
交通工具

비행기	– 飞机
기차	– 火车
고속 철도	– 高铁
지하철	– 地铁
버스	– 公共汽车, 公交车, 巴士
고속 버스	– 高速巴士
택시	– 出租车
자가용	– 私家车
승용차	– 轿车
자전거	– 自行车

서울
首尔

강원도

경기도

충청북도

충청남도

경상북도

대구
大邱

전라북도

경상남도

부산
釜山

전라남도

제주도
济州岛

제7장

감탄사 感叹词

감탄사 感叹词

감탄사 : 느낌, 감정, 의견을 표현하거나, 부름, 응답 등을 나타내는 단어로 문장 내에서 독립적으로 쓰인다.

感叹词 : 表示感觉,情感,意见或者呼唤和应答的生词,在句子中可以独立使用。

감탄사의 종류 感叹词的种类

🐼 감정 감탄사 : 감정을 그대로 표출하는 감탄사이다.

情感感叹词 : 真实地表达情感的感叹词。

– 웃음소리(笑声) : **하하**(哈哈), **허허**(呵呵)

– 한숨소리(叹息声) : **후유**(唉呦), **휴**(唉)

– 놀람(表示惊讶) : **아**(啊), **어라**(咦), **와**(哇), **우와**(哇塞),

　　　　　　　　　　아이쿠(哎呀), **에구머니**(哎哟妈呀)

① 와! 여기는 정말 아름답구나!　　　　　　　　　　　　　(놀람을 표현)

　① 哇! 这儿真美啊!　　　　　　　　　　　　　　　　　　(表现惊讶)

② 어라, 방금 여기 있던 펜이 어디 갔지?　　　　　　　　　(가벼운 놀람)

　② 咦,刚刚放在这儿的笔去哪里了?　　　　　　　　　　　(轻微的惊讶)

　– 후회(表示后悔) : **아차**(哎呀)

🐼 호응 감탄사 : 상대방과의 호응의 일환으로 내는 감탄사이다.

呼应感叹词 : 表示跟对方呼应的感叹词。

- 부름, 제의(招呼,建议) : **자**(来), **여보세요**(来来), **이봐**(嗨), **얘들아**(孩子们)

③ 얘들아! 이리로 와 봐라.   (부름)

  ③ **孩子们**! 来这儿看看吧!   (招呼)

- 긍정 대응(肯定的应答) : **네**(好的), **예**(是的), **응**(嗯), **그래**(对啊)

④ 선생님 : 여러분, 조용히 해 주세요.

  ④ 老师 : 大家,保持安静!

학생들 : **예**, 잘 알겠습니다.

  孩子们 : 好的,知道了。

- 부정 대응(否定的应答) : **흥**(哼), **글쎄**(这个—), **아니오**(不对), **천만에**(绝对不是的)

⑤ 흥, 어디 네가 잘되나 두고 보자.   (비꼬는 표현)

  ⑤ **哼**,走着瞧,我倒要看看你做得怎么样。   (挖苦地表现)

⑥ 천만에, 그는 절대로 그럴 사람이 아니야.   (부정)

  ⑤ **绝对不是的**,他绝对不是那样的人。   (否定)

- 겸손(谦虚) : **뭘**(哪里哪里)

⑦ 철수 : 이렇게 와 줘서 고마워!

  ⑦ [哲洙] : 谢谢你来!

영희 : 뭘, 당연히 와야지.   (겸손)

  [英喜] : 哪里哪里,应该的。   (谦虚)

⑦ 모음 조화
　　母音和谐

❖ 기본 모음 10자는 양성 모음, 음성 모음, 중성 모음으로 분류된다.
　　基本母音10个字分为3种属性,阳性母音,阴性母音和中性母音。

양성 모음 ㅏ, ㅑ, ㅗ, ㅛ
　　阳性母音

음성 모음 ㅓ, ㅕ, ㅜ, ㅠ
　　阴性母音

중성 모음 ㅡ, ㅣ
　　中性母音

두 음절 이상의 단어에서는 뒤 음절의 모음은 앞 모음과 같거나 가까운 모음으로
나타난다.
　　在两个音节以上的生词中,后边音节的母音跟前边音节的母音,要一致或者同属性。

앞 모음이 양성 모음이면 뒤의 모음도 양성 모음이 오고,
앞 모음이 음성 모음이면 뒤의 모음에 음성 모음이 온다.
　　如果前边音节的母音是阳性母音的话,后边音节的母音也应该是阳性母音,
　　如果前边音节的母音是阴性母音的话,后边音节的母音也应该是阴性母音。

이를 '모음 조화'라 한다.
　　这就叫 '母音和谐'

❖ 모음 조화의 예
　　母音和谐的例子

1) 동사 : '받다', '먹다'의 과거형
　　动词 : '받다'(收), '먹다'(吃)的过去时

'받다' 와 '먹다'를 과거형으로 변환할 시에는 어간과 어미'-다' 사이에 '-았/었-'을 삽입
하여 과거형으로 변환한다.
　　'받다'和'먹다'变成过去时的时候,应该在词干和词尾'-다'的中间插入'-았-或-었-'。

여기서 어간 마지막 모음이 양성 모음이면 '-았-'을 삽입하고, 어간 마지막 모음이 음성
모음이면 '-었-'을 삽입, 과거형으로 변환한다.
　　例如词干最后一个母音是阳性母音的话,插入'-았-',

如果词干最后一个母音是阴性母音的话,插入'-었-'变成过去时态。

'받다'는 '받- + -다' 형태로 어간 '받'의 모음이 'ㅏ'인 양성 모음이므로
'받다'의 과거형은 '받- + -았- + -다' (받았다)이다.

    '받다'是 '받- +다'的形态,词干 '받'的母音是阳性母音 'ㅏ',
    所以'받다'的过去时是'받- + -았- + -다' (받았다)。

'먹다'는 '먹- + -다' 형태로 어간 '먹'의 모음이 'ㅓ'인 음성 모음이므로,
'먹다'의 과거형은 '먹- + -었- + -다' (먹었다)이다.

    '먹다'是 '먹- + -다'的形态,词干 '먹'的母音是阴性母音 'ㅓ',
    所以'먹다'的过去时是'먹- + -었- + -다' (먹었다)。

2) 형용사(形容词) : **까맣다**/**꺼멓다**, **하얗다**/**허옇다**, **파랗다**/**퍼렇다**

까맣다(黑)	'**까**' 양성 모음, '**맣**' 양성 모음
	'**까**' 阳性母音, '**맣**' 阳性母音。
꺼멓다(有点儿黑)	'**꺼**' 음성 모음, '**멓**' 음성 모음
	'**꺼**' 阴性母音, '**멓**' 阴性母音。
하얗다(白)	'**하**' 양성 모음, '**얗**' 양성 모음
	'**하**' 阳性母音, '**얗**' 阳性母音。
허옇다(有点儿白)	'**허**' 음성 모음, '**옇**' 음성 모음
	'**허**' 阴性母音, '**옇**' 阴性母音。
파랗다(青)	'**파**' 양성 모음, '**랗**' 양성 모음
	'**파**' 阳性母音, '**랗**' 阳性母音。
퍼렇다(有点儿青)	'**퍼**' 음성 모음, '**렇**' 음성 모음
	'**퍼**' 阴性母音, '**렇**' 阴性母音。

3) 부사(副词) : **아장**아장/**어정**어정, **알록**달록/**얼룩**덜룩, **퐁당**퐁당/**풍덩**풍덩

아장아장(摇摇晃晃)	'**아**' 양성 모음, '**장**' 양성 모음
	'**아**' 阳性母音, '**장**' 阳性母音。
어정어정(溜溜达达)	'**어**' 음성 모음, '**정**' 음성 모음
	'**어**' 阴性母音, '**정**' 阴性母音。
알록달록(斑斑斓斓)	
얼룩덜룩(斑斑点点)	
퐁당퐁당(噗通噗通)	
풍덩풍덩(扑通扑通)	

색깔이나 상태, 소리와 모양을 표현하는 형용사와 부사의 경우,
   양성 모음은 작고 귀엽고 깨끗한 어감을, 음성 모음은 크고 거칠고 투박한 어감을 준다.
以形容词和副词表达颜色,状态和样子时阳性母音会给人以动作小,
   很可爱,很洁净的感觉,而阴性母音却给人以动作大,粗糙的和很脏的感觉。

제8장

동사 动词

동사의 특징 动词的特点

(ㄱ) 사람이나 동물의 동작을 표현하는 품사이다.

　(ㄱ) 表示人或事物动作的词类。

(ㄴ) 문장 내에서 주로 서술어 역할을 한다.

　(ㄴ) 在句子中主要起谓语的作用。

(ㄷ) 동사는 어간과 어미로 나뉘어진다.

　(ㄷ) 动词分为词干和词尾。

(ㄹ) 문장 내에서 동사가 활용을 할 때 잘 변하지 않는 부분이 '어간', 변하는 부분이 '어미'이다.

　(ㄹ) 动词变化很小的部分是词干,变化很大的部分是词尾。

(ㅁ) 문장은 나열, 병렬, 전개, 대조, 인과, 가정, 조건, 양보, 목적 등의 내용을 갖게 되는데 이때 동사의 어미는 이에 알맞은 변화를 한다.

　(ㅁ) 根据句子的罗列,并列,展开,对照,因果,假定,条件,让步,目的等内容,动词的词尾会跟着变化。

(ㅂ) 현재, 과거, 미래 등 시제에 따라서도 어미 변화를 한다.

　(ㅂ) 根据句子的时态(例如：现在时,过去时,将来时),词尾会变化。

(ㅅ) 문장의 유형(주동문, 사동문, 피동문, 의문문, 부정문, 명령문, 청유문 등)에 따라서도 그에 적합한 어미 변화를 한다.

　(ㅅ) 根据句子的类型(例如；主动句,使动句,被动句,疑问句,否定句,命令句,劝导句等)词尾将会变化。

(# 참고 : 제2권 문장)

(# 参考：第2卷 句子)

　－ 동사 어미 변화의 예

　　－ 动词词尾变化的例子：

	어간(词干) +	어미(词尾)	
① 사과를 **먹다** ① 吃苹果。	먹- +	- 다	기본형 基本形
② 사과를 **먹고** 밖으로 나가다 ② 吃完苹果然后就出去。	먹- +	- 고	전개 展开
③ 사과를 **먹으면서** TV를 보다 ③ 一边吃苹果一边看电视。	먹- +	- 으면서	병렬 并列
④ 사과를 **먹거나** 배를 먹어라 ④ 吃苹果或吃梨。	먹- +	- 거나	선택 选择
⑤ 사과를 **먹으려고** 냉장고를 열다 ⑤ 为了吃苹果而打开冰箱。	먹- +	- 으려고	목적 目的
⑥ 사과를 **먹는다** ⑥ 吃苹果。	먹- +	- 는다	현재형 现在时
⑦ 사과를 **먹었다** ⑦ 吃了苹果。	먹- +	- 었다	과거형 过去时
⑧ 사과를 **먹을** 것이다 ⑧ 要吃苹果。	먹- +	- 을 것이다	미래형 将来时
⑨ 사과를 **먹게** 하다 ⑨ 让(谁谁)吃苹果。	먹- +	- 게 하다	사동문 使动句
⑩ 사과를 **먹니**? ⑩ 吃苹果吗？	먹- +	- 니?	의문문 疑问句
⑪ 사과를 **먹지** 않았다 ⑪ 没吃苹果。	먹- +	- 지 않았다	부정문 否定句
⑫ 사과를 **먹어라** ⑫ 吃苹果(吧)。	먹- +	- 어라	명령문 命令句
⑬ 사과를 **먹자** ⑬ 吃苹果吧。	먹- +	- 자	청유문 劝导句

동사의 종류 动词的类别

🐼 자동사와 타동사
自动词和他动词

(1) 자동사는 동사가 나타내는 동작의 영향이 주어에만 관련되는 동사로,
   목적어가 요구되지 않는 동사를 말한다.

(1) 自动词是动词所表示的动作行为,涉及到主语的动词,不涉及到其他对象的,
   所以是不需要带宾语的动词。

문장 구성은 '주어 + 서술어(자동사)'의 형태를 갖는다.

句子结构是 '主语 + 谓语(自动词)'.

자동사 예(自动词例子) : 자다(睡), 가다(走), 뛰다(跑), 놀다(玩), 살다(住)

① 철수가 자다.#1

　① [哲洙]睡觉。

#1 '자다'의 행위는 '철수'가 행위의 주체자이며 철수에만 관련된 행위로 별도의 목적어를 필요로 하지 않는다.

#1 [哲洙]是行为的主体者, 行为 '자다'(睡觉)只涉及到[哲洙], 不需要宾语。

② 영희가 뛰다.#2

　② [英喜]跑。

#2 '뛰다'의 행위는 '영희'가 행위의 주체자이며 영희에만 관련된 행위로 별도의 목적어가 필요하지 않다.

#2 [英喜]是行为的主体者, 行为'뛰다'(跑)只涉及到[英喜]不需要宾语。

(2) 타동사는 동작의 행위가 주어와 대상에 관련되는 동사로, 행위의 주체(주어)와 행위의 영향을 받는 대상(목적어)이 필요한 동사이다.

　(2) 他动词是动作行为与主语和对象关联的动词,

　　在句子里一定需要行为的主体(主语)和行为涉及到的对象(宾语)。

문장 구성은 '주어 + 목적어 + 서술어(타동사)' 형태를 갖는다.

句子构成是'主语 + 宾语 + 谓语(他动词)'.

－ 타동사 예(他动词例子) : 먹다(吃), 사다(买), 잡다(抓), 알다(知道)

③ 철수가 사과를 먹다.#3

　③ [哲洙]吃苹果。

#3 '먹다'라는 행위의 주체는 철수이고 이 행위의 대상이 되는 목적어(사과)가 있어야 한다.

#3 [哲洙]是行为'먹다'(吃)的主体, '먹다'(吃)需要宾语, 就是苹果。

④ 영희가 가방을 사다. #4

　④ [英喜]买手提包。

#4 '사다'의 행위의 주체는 '영희'이고 무엇을 사는지 대상이 있어야 한다. '가방'이라는 목적어가 필요하다.

#4 [英喜]是动作'사다'(买)的主体, 她买什么－就需要宾语。手提包就是宾语。

(3) 일부 동사는 자동사이면서 타동사인 동사가 있다. (중립 동사)

　(3) 一部分动词既是自动词同时也是他动词。(中性动词)

－ 중립 동사 예(中性词例子) : 가다(走,去), 움직이다(动)

　　⑤ 철수가 가다.　　　　　　　　　　　　　　　　　　(자동사)

　　　⑤ [哲洙]走。　　　　　　　　　　　　　　　　　　(自动词)

　　⑥ 철수가 중국을 가다.　　　　　　　　　　　　　　(타동사)

　　　⑥ [哲洙]去中国。　　　　　　　　　　　　　　　　(他动词)

　　⑦ 차가 움직이다.　　　　　　　　　　　　　　　　　(자동사)

　　　⑦ 车动了。　　　　　　　　　　　　　　　　　　　(自动词)

　　⑧ 철수가 차를 움직이다.　　　　　　　　　　　　　(타동사)

　　　⑧ [哲洙]开车。　　　　　　　　　　　　　　　　　(他动词)

(4) 일부 동사는 목적어가 필요하지는 않으나 '**주어 +서술어(동사)**'만으로는
충분하지 않고 보어가 필요한 동사가 있다.

　(4) 有一部分动词虽然不需要宾语,可是句子结构'**主语 + 谓语(动词)**'不完整,因
此需要补语。

－ 동사 예(动词例子) : 되다(成为)

－ 문장 구성은 '**주어 + 보어 + 되다**'로 되고 보어는 '～이 / ～가' 형태로 나타난다.

　－ 句子结构是'**主语 + 补语 + 되다(成为)**'的形态,补语是'～이'或'～가'的形态。

　　⑨ 철수가 **대학생**이 되다. #1

　　　⑨ [哲洙]成了大学生。

　　#1 '철수가 되다'라는 문장은 충분하지 않고 '되다' 의 동사는 '**대학생**이' 라는 보어가 요구된다.

　　　#1 '[哲洙]成了'的句子不完全,'되다'需要补语'大学生'来补充充当补语。

🐼 본동사와 보조 동사
本动词和补助动词

㈎ 한국어에서는 동사가 연이어 나타나는 경우가 있는데
이 경우 앞 동사는 본동사, 뒤의 동사는 보조 동사가 된다.

（ㄱ）韩语中也常出现两个动词连用的情况。那么第一个动词是本动词，第二个动词是辅助动词。

예： **먹어 보다**　　→　본동사 : **먹어**(먹다) + 보조 동사 : **보다**

例如 : 尝一尝　　　　　本动词 :　吃　 + 辅助动词 : 看,试

하기 시작하다 → 본동사 : **하기**(하다) + 보조 동사 : **시작하다**

开始做 ～了　　　本动词 : 做　 + 辅助动词 : 开始

（ㄴ）본동사는 전체적 행위의 의미를 갖으며, 보조 동사는 본동사의 의미를 보완해 주는 역할을 한다.

（ㄴ）本动词保有原来行为的意思,辅助动词起着补充本动词的作用。

（ㄷ）본동사는 그 연결 어미로 '－아 / 어, －게, －고, －지' 등으로 나타난다.

（ㄷ）为了使本动词跟补助动词连接,本动词的词尾要变到 '－아 / 어, －게, －고, －지' 等。

（ㄹ）'본동사의 연결 어미 + 보조 동사' 형태로 여러 의미를 나타낸다.

（ㄹ）'本动词的连接词尾 + 辅助动词'能表达各种意思。

예：

본동사 연결 어미 + 보조 동사

本动词的连接词尾 + 辅助动词

－ 게 하다　　　　　　　　　　　 : 사동

　让谁谁做 －　　　　　　　　　 : 使动

－ 게 되다　　　　　　　　　　　 : 피동, 결과

　被做 －　　　　　　　　　　　 : 被动,结果

－ 기 시작하다　　　　　　　　　 : 착수

　开始做 －　　　　　　　　　　 : 开始

－ 아 / 어 보다　　　　　　　　　 : 경험

　试着做 －　　　　　　　　　　 : 试一试,经验

－ 아 / 어 가다, － 아 / 어 오다, － 고 있다 : 진행

　做下去,做下来,在做－　　　　　 : 进行

－ 아 / 어 있다, － 아 / 어 버리다　 : 결과, 완료

　做完－,变成 －　　　　　　　　 : 结果,完了

– 어지다 #¹	: 피동
被变成 –	: 被动
– 다 말다	: 중단
中断做什么	: 中断
– 고 말다	: 완수
克服困难并完成~	: 完成
– 지 않다, –지 못하다, –지 말다	: 부정
没(做)~,(做)不了,不要(做)~	: 否定

#¹ '–어 + 지다' → '–어지다'로 관습적으로 붙여 쓴다.
 #¹ '–어 + 지다' → '–어지다' 要连着写。

㈁ **본동사 + 보조 동사 예문**

 ㈁ **本动词 + 辅助动词例句**

 ① 영희가 중국 음식을 먹다.

  ① [英喜]吃中国菜。

영희에게 중국 음식을 먹게 하다.	사동
让[英喜]吃中国菜。	使动
영희가 중국 음식을 먹게 되다.	피동, 결과
谁谁请[英喜]吃中国菜。/ [英喜]能吃中国菜了。	被动, 结果
영희가 중국 음식을 먹기 시작하다.	착수
[英喜]开始吃中国菜了。	开始
영희가 중국 음식을 먹어 보다.	시도, 경험
[英喜]试着吃中国菜。	试图, 经验
영희가 중국 음식을 먹고 있다.	진행
[英喜]在吃中国菜。	进行时
영희가 중국 음식을 다 먹어 가다.	진행 중으로 곧 완료
[英喜]在吃中国菜,马上就吃完。	进行中马上结束
영희가 중국 음식을 먹어 버리다.	완료
[英喜]把中国菜吃掉了。	完了

영희가 중국 음식을 먹고 말다.　　　　　　　　　　　의지, 완수

　　[英喜]终于把中国菜吃完了。　　　　　　　　　　　意志,完成

영희가 중국 음식을 먹다 말다.　　　　　　　　　　　중단

　　[英喜]吃中国菜的行为停止了。　　　　　　　　　　中断

영희가 중국 음식을 먹지 않다.　#²　　　　　　　　　부정(의지 부정)

　　[英喜]不(愿意)吃中国菜。　　　　　　　　　　　　否定(意志否定)

영희가 중국 음식을 먹지 못하다.　#³　　　　　　　　부정(능력 부정)

　　[英喜]吃不了中国菜。　　　　　　　　　　　　　　否定(能力否定)

#² '-지 않다'는 본인의 의지로 '-하지 않는다'라는 의미이다.

　#² '-지 않다'的意思是不愿意做什么事情。

#³ '-지 못하다'는 본인의 능력이 부족하거나 상황이 좋지 않아서 '-하지 않는다'라는 의미이다.

　#³ '-지 못하다'的意思是因为没有能力或不太好的条件下,不能做什么事情。

(# 참고 : 제2권 제13장 부정문)

(# 参考 ：第2卷 第13章 否定句)

② 철수가 출장을 가다.

　② [哲洙]去出差。

철수에게 출장을 가게 하다.　　　　　　　　　　　　사동

　　让[哲洙]去出差。　　　　　　　　　　　　　　　　使动

철수가 출장을 가게 되다.　　　　　　　　　　　　　피동, 결과

　　[哲洙]被派去出差。/[哲洙]能去出差。　　　　　　被动, 结果

철수가 출장을 가기 시작하다.　　　　　　　　　　　착수

　　[哲洙]开始去出差。　　　　　　　　　　　　　　　开始

철수가 출장을 가 보다.　#⁴　　　　　　　　　　　　시도, 경험

　　[哲洙]试着去出差。　　　　　　　　　　　　　　　试图, 经验

철수가 출장을 가고 있다.　　　　　　　　　　　　　진행

　　[哲洙]在去出差。　　　　　　　　　　　　　　　　进行时

철수가 출장을 가 있다.　#⁴　　　　　　　　　　　　결과

　　[哲洙]去出差了,现在在那个地方。　　　　　　　　结果

철수가 출장을 가 버리다.　#⁴　　　　　　　　　　　종료

　　[哲洙]去出差了。(真没办法。)　　　　　　　　　　终了

철수가 출장을 가다 말다.

[哲洙]去出差的事，没去成。

철수가 출장을 가지 않다.

[哲洙]不(愿意)去出差。

철수가 출장을 가지 못하다.

[哲洙]出差去不了。

#4 가 + 아 → 가

#4 '가 + 아'缩短到'가'

중단

中断

부정(의지 부정) #2

否定(意志否定)

부정(능력 부정) #3

否定(能力否定)

가고 있다.
正在去。

가 있다.
去了，现在在那个地方。

가지 못하고 있다.
去不了。

01 다음 중 불완전한 문장을 고르시오.

下面句子中,哪个**是不完整的**？

① 철수가 사과를 먹는다.　　② 차가 움직이다.
③ 철수가 대학생이 되다.　　④ 철수가 사고 있다.

02 다음 중 어색한 문장을 고르시오.

下面句子中,哪个**是错的**？

① 영희가 자다.　　　　　② 영희가 음식을 먹다.
③ 영희가 되다.　　　　　④ 영희가 출장을 가다.

03 다음 중 현재의 상황이, 다른 세 문장과 같지 않은 문장은 어느 것인가?

下面句子中,哪个句子与另外3个句子的状况不同？

① 영희가 음식을 <u>만들다 말다.</u>
② 영희가 음식을 <u>만들기 시작하다.</u>
③ 영희가 음식을 <u>만들고 있다.</u>
④ 영희가 음식을 <u>만들어 가다.</u>

✿ 정답(答案)

01 ④ : ④ '사다'는 목적어가 필요한 동사로, 무엇을 사는지를 표현해야 한다.

④ 动词**'사다'**一定要有**'宾语'**, 完整的句子是[哲洙]在买什么。

② '움직이다' 동사는 자동사도 되고 타동사도 되는 중립 동사로 올바른 문장이다.

② 动词**'움직이다'**是中性动词, 既是自动词也是他动词。

① [哲洙]在吃苹果。　　　　　② 车动着。

③ [哲洙]成为大学生。　　　　④ [哲洙]在买。

02 ③ : ③ **'되다'**는 앞에 '〜이' 또는 '〜가' 의 보어가 필요한 동사이다.

예) '영희가 **대학생이** 되다'.

③ 在动词**'되다'**的前边一定要有 '〜이或 〜가'的补语。

例如, '영희가 **대학생이** 되다'. [英喜]成了大学生。

① [英喜]睡觉。　　　　　　　② [英喜]吃菜。

③ [英喜]成为了〜。　　　　　④ [英喜]去出差。

03 ① : ②, ③, ④ 는 현재 영희가 음식을 만들고 있는 중이나

① 은 영희가 음식을 만들다가 중단한 상태이다.

②, ③和④是正在做菜的情况, 但是 ①是中断行为的情况。

① [英喜]做菜的事中断了。　　② [英喜]开始做菜。

③ [英喜]在做菜。　　　　　　④ [英喜]马上做完菜。

동사의 변화 动词的变化 : **규칙적인 동사** 规则动词

🐼 규칙적인 동사의 변화
규则动词的变化

(ㄱ) 규칙 활용 동사는 어간은 변하지 않고 문장 내에서 어미만 규칙적 변화를 한다.

(ㄱ) 规则动词的词干不变,只是词尾要有规律性的变化。

– 어미를 3가지 그룹으로 구분하여 동사의 변화 규칙을 설명하기로 한다.

– 把词尾分三组形态,来说明规则动词的变化规律。

---

1 그룹 : 자음으로 시작하는 어미 ; 어간 + **'–게, –고, –는, –지 등'**
　第1组 : 以子音开始的词尾 ; 词干 + **'–게, –고, –는, –지 등'**
2 그룹 : '으' 로 시작하는 어미 ; 어간 + '– (으)며, – (으)면, – (으)려고'
　第2组 : 以'으'开始的词尾 ; 词干 + '– (으)며, – (으)면, – (으)려고'
3 그룹 : '으'외 모음으로 시작하는 어미 ; 어간 + '– 아서 / 어서, –았 / 었–'
　第3组 : 除了'으'以外的母音开始的词尾 ; 词干 + '– 아서 / 어서, –았 / 었–'

(ㄴ) 2그룹에서 '–(으)며, –(으)면, –(으)려고'에서 '으' 유무는,

어간이 모음으로 끝나느냐 자음으로 끝나느냐에 따라 결정된다.

(ㄴ) 第2组中的词尾 '–(으)며, –(으)면, –(으)려고'

根据词干以母音还是子音结束,来判断用不用 '으'。

ⓐ 어간이 모음으로 끝나면 '–며, –면, –려고'를 연결한다.

ⓐ 如果词干以母音结束的话,要用 '–며, –면, –려고'

例 (例如)　가– + –다 → 가며, 가면, 가려고

가다(去) → 一边去,去的话,为了去

ⓑ 어간이 자음으로 끝나면 '–으며, –으면, –으려고'를 연결한다

ⓑ 如果词干以子音结束的话,要用 '–으며, –으면, –으려고'

例 (例如)　입– + –다 → 입으며, 입으면, 입으려고

입다(穿) → 一边穿,穿的话,为了穿

(ㄷ) 3그룹에서 '– 아서 / 어서', '– 았 / 었–'는

(ㄷ) **第3组中**的词尾 '-아서 / 어서', '-았 / 었-'

ㄱ 어간의 마지막 음절이 양성 모음이면 양성 모음인 '-아서', '-았-'이 연결한다.

ㄱ 如果词干的最后一个母音是阳性母音,要用阳性 '-아서', '-았-'连接。

예(例如) 받-+-다 → 받아서, 받았다, 받았고
받다(收到) → 因为收到,收到了,收到了

ㄴ 어간의 마지막 음절이 음성/중성 모음이면 음성 모음 '-어서', '-었-'으로 연결한다.

ㄴ 如果词干的最后一个母音是阴性或者中性母音,

要用阴性'-어서'连接,过去时要用'-었-'连接。

예(例如) 먹-+-다 → 먹어서, 먹었다, 먹었고
먹다(吃) → 因为吃, 吃了, 吃了

\# 정리) 어간이 자음으로 끝나느냐, 모음으로 끝나느냐로 '으'의 유무가 결정되고,

어간 마지막 모음이 양성 모음이냐, 음성/중성 모음이냐에 따라

후행하는 모음 '-아서' 또는 '어서', '-았-' 또는 '-었-'을 결정한다.

\# 总结) 根据词干以子音还是母音的结束,来判断用不用 '으',根据词干的最后一个母音是阳性,

阴性还是中性母音,来判断用 '-아서'还是'-어서'和'-았'还是'-었-'。

🐼 규칙 동사의 예
规则动词的例子

- 받다 : **받**-+-다 받다(收到)	어간이 **자음 'ㄷ'으로 끝남.** 어간 마지막 모음이 'ㅏ' **양성 모음** 词干以子音'ㄷ'结束。 词干最后一个母音是阳性母音'ㅏ'
1그룹(1组) **받**-+ 자음 + 子音	받**고**, 받**지**, 받**는** 收-然后,(没/不)收,收的
2그룹(2组) **받**-+ '으' 모음 + '으' 母音	받**으며**, 받**으면**, 받**으려고** 一边收,收到的话,为了收到
3그룹(3组) **받**-+ '으' 외의 모음 + 除了'으'以外的母音	받**아서**, 받**았다** 因为收到,收到了

– 먹다 **먹**– + –다 – 吃 : **먹**– + –다	어간이 자음 'ㄱ'으로 끝남, 어간 마지막 모음이 'ㅓ' 음성 모음 词干以子音'ㄱ'结束.词干最后一个母音是阴性母音'ㅓ'

1그룹(1组)
 	
 먹– + 자음
 	
  + 子音
 	
2그룹(2组)
 	
 먹– + '으' 모음
 	
  + '으' 母音
 	
3그룹(3组)
 	
 먹– + '으' 외의 모음
 	
  + 除了'으'以外的母音
	먹고, 먹지, 먹는
	
	 吃–以后,(没/不)吃,吃的
	
	먹으며, 먹으니, 먹으려고
	
	 一边吃,吃–所以,为了吃
	
	먹어서, 먹었다
	
	 因为吃–,吃了

– 주다 **주**– + –다 – 给 : **주**– + –다	어간이 모음 'ㅜ'으로 끝남, 어간 마지막 모음이 'ㅜ' 음성 词干以母音'ㅜ'结束, 词干最后一个母音是**阴性母音'ㅜ'**

1그룹(1组)
 	
 주– + 자음
 	
  + 子音
 	
2그룹(2组)
 	
 주– + '으' 모음
 	
  + '으' 母音
 	
3그룹(3组)
 	
 주– + '으' 외의 모음
 	
  + 除了'으'以外的母音
	주고, 주지, 주는
	
	 给–然后,(没/不)给,给的
	
	주며, 주면, 주려고
	
	 一边给,给的话,为了给
	
	주어서, 주었다
	
	 因为给,给了

🐼 **예문**(例句)

① 남에게서 선물을 **받으면** 감사의 말을 전해야 한다.

　　① 收到礼物的话,一定要说谢谢。　　　받– + –으면 → 받으면

② 밥을 **먹지** 않고 물을 너무 많이 마시면 좋지 않다.

　　② 没吃饭,喝很多水的话,不太好。　　　**먹**– + –지 → 먹지

　　　　　　　　　　　　　　　　　마시– + –(으)면 → 마시면

③ 그는 다른 사람에게 정을 **주려고** 하지 않는다.

　　③ 他不愿意关心别人。　　　　　　　주– + –(으)려고 → 주려고

④ 나는 동생에게 그림 책을 사 **주었다**.

　　④ 我给弟弟买了本画册。　　　　　　주– + –었– + –다 → 주었다

동사의 변화 动词的变化 : 불규칙 동사 不规则动词

> 동사의 불규칙 변화는 크게 세 가지가 있다.
> 不规则动词共分为3种。
> – 어간 불규칙 변화, 어미 불규칙 변화, 기타(어간과 어미) 불규칙 변화가 있다.
> – 有词干–不规则变化, 词尾–不规则变化, 其他(词干和词尾)–不规则变化。

어간 불규칙 변화 (7) 词干-不规则变化 (7)	ㅅ, ㄷ, ㅂ, 르, ㅡ, ㅜ, ㄹ 불규칙 동사 ㅅ, ㄷ, ㅂ, 르, ㅡ, ㅜ, ㄹ的不规则动词
어미 불규칙 변화 (2) 词尾-不规则变化 (2)	하다, 러 불규칙 동사 하다, 러的不规则动词
기타(어간과 어미) 불규칙 변화 (2) 其他(词干和词尾)-不规则变化 (2)	거라, 너라 불규칙 동사 거라, 너라的不规则动词

🐼 어간 불규칙

词干-不规则变化

어간이 후행하는 어미에 따라 어간 자체가 변하는 동사가 있다.

根据词尾的形态, 词干会有变化。

특히 모음으로 시작하는 어미 앞에서 불규칙 변화를 한다. (7가지)

特别是以母音开始的词尾, 词干有不规则变化。(7种)

(1) 'ㅅ' 불규칙 동사

 (1) 'ㅅ'的不规则动词

– 어간이 'ㅅ'으로 끝나는 일부 동사는 2, 3그룹 어미와 만나면 'ㅅ'이 탈락한다.

 – 词干以 'ㅅ'结束的部分动词跟第2,3组的词尾连接时, 要省略 'ㅅ'。

– 동사(动词) : 짓다(建,做), 긋다(划), 낫다(全愈), 붓다(倒,斟), 잇다(接,继承),
 젓다(搅,划)等。

(ㄱ) 어미

　　　　1그룹 (+ **자음**)　　　　　　　　어간 변화없음

　　　　2그룹(+ '으'모음)　　　　　　　**어간의 마지막 'ㅅ' 탈락**

　　　　3그룹(+ '으' 외 모음)　　　　　**어간의 마지막 'ㅅ' 탈락**

　　(ㄱ) 词尾　第1组 (+ 子音)　　　　　词干不变

　　　　　第2组 (+ '으'母音)　　　　　**省略词干最后的 'ㅅ'**

　　　　　第3组 (+ 除了'**으' 以外的母音**)　　省略词干最后的 'ㅅ'

짓다 : 짓ー + ー다 　建,做	어간이 자음 'ㅅ'으로 끝남. 어간 마지막 모음이 'ㅣ' 중성. 　词干以子音ㅅ'结束.　　词干的最后一个母音是**中性 'ㅣ'**.
짓 ー + **자음** 　**+ 子音** 짓 ー + '으' 모음 　**+ '으' 母音** 짓 ー + '으' 이외 모음 　**+ 除了 '으' 以外的母音**	짓고,　　짓는 　先做ー然后, 做ー的 지으니,　　지으면,　지으려고 　因为做ー所以, 做ー的话, 为了要做ー 지어서, 지었다 　因为做ー, 做了ー
낫다 : 낫 ー + ー다 　全愈	
낫 ー + **자음** 　**+ 子音** 　+ '으' 모음 　**+ '으' 母音** 　+ '으' 이외 모음 　**+ 除了 '으' 以外的母音**	낫고, 낫는 　全愈后, 全愈的 나으니, 나으면, 나으려고 　全愈所以, 全愈的话, 为了全愈 나아서, 나았다 　因为全愈, 全愈了
긋다 : 긋 ー + ー다 　划	
긋 ー + **자음** 　**+ 子音** 　+ '으' 모음 　**+ '으' 母音** 　+ '으' 이외 모음 　**+ 除了 '으' 以外的母音**	긋고, 긋는 　先划ー然后, 划ー的 그으니, 그으면, 그으려고 　划ー所以, 划ー的话, 为了划ー 그어서, 그었다 　因为划ー, 划ー了

(ㄴ) 'ㅅ' 불규칙 동사 예문

　　(ㄴ) 'ㅅ' 不规则动词的例句

　① 철수는 땅에 선을 **긋고** 집을 **짓습니다.**

　　① [哲洙]在土地上划好线, 然后建房子。　긋- + -고 → 긋고

　　　　　　　　　　　　　　　　　　　　　　　짓- + -습니다 → 짓습니다

　② 철수는 집을 지으려고 돈을 모았습니다.

　　② [哲洙]为了建房子而存钱。　　　　　짓- + -으려고 → 지으려고

　③ 철수는 큰 집을 지어서 기분이 좋습니다.

　　③ [哲洙]因为盖了大房子, 所以很高兴。　짓- + -어서 → 지어서

　④ 주전자에 물을 부었습니다.

　　④ 在壶里斟了水。　　　　　　　　　　붓- + -었습니다 → 부었습니다

　⑤ 그는 아버지의 가업을 이어서 사업을 더 펼쳤다.

　　⑤ 他继承了父亲的家业, 事业更发展了。　잇- + -어서 → 이어서

(ㄷ) 'ㅅ' 규칙 동사

　　(ㄷ) 'ㅅ'的规则动词

　- 어간이 'ㅅ'으로 끝나는 일부 동사는 2, 3그룹 어미가 오더라도 'ㅅ'이 탈락하지 않고 변화 없이 규칙 활용을 한다.

　　- 词干以'ㅅ'结束的部分动词, 虽然跟第2,3组的词尾连接, 但是不省略'ㅅ', 词尾要有规律性的变化。

　　- 동사(动词) : 씻다(洗), 벗다(脱,摘掉), 빗다(梳), 솟다(�,升起), 빼앗다(抢)

어미 词尾	1그룹(+ 자음) 第1组(+ 子音)	어간 변화없음 词干不变
	2그룹(+ '으' 모음) 第2组(+ '으' 母音)	어간 변화없음 词干不变
	3그룹(+ '으' 외 모음) 第3组(+ 除了 '으' 以外的母音)	어간 변화없음 词干不变

| 씻다
洗 | : 씻 – + –다
+ 자음
+ 子音
+ '으' 모음
+ '으' 母音
+ '으' 이외 모음
+ 除了 '으' 以外的母音 | 씻 – + –다
씻고,　　씻는
　洗-然后,洗-的
씻으니, 씻으면, 씻으려고
　洗-所以,洗-的话,为了洗–
씻어서, 씻었다
　因为洗-,洗-了 |
| 솟다
升起 | 솟 – + –다
+ 자음
+ 子音
+ '으' 모음
+ '으' 母音
+ '으' 이외 모음
+ 除了 '으' 以外的母音 | 솟고,　　　솟는
　升起-然后,升起的
솟으니, 솟으면, 솟으려고
　升起-所以,升起的话,为了升起–
솟아서, 솟았다
　因为升起–,升起了–. |

(ㄹ) 'ㅅ' 규칙 동사 예문

(ㄹ) 'ㅅ' 规则动词例句

⑤ 영희는 손을 씻으려고 장갑을 벗었습니다.

　⑤ [英喜]为了洗手而摘掉手套。 씻– + –으려고 → 씻으려고

　　　　　　　　　　　　　　벗– + –었습니다 → 벗었습니다

⑥ 손을 자주 씻으면 병을 예방을 할 수 있습니다.

　⑥ 常常洗手的话,会预防疾病。 씻– + –으면 → 씻으면

⑦ 아침에 손도 씻고 머리도 빗었습니다.

　⑦ 早上又洗手又梳头。　　　 **씻– + –고 → 씻고**

　　　　　　　　　　　　　빗– + –었습니다 → 빗었습니다

문제 问题

01 다음에서 어간이 변하지 않는 규칙 활용 동사를 모두 고르시오.

请选出下面动词中,**所有的规则动词**。

① 짓다   ② 먹다   ③ 긋다   ④ 빼앗다

02 다음 중 어간이 변하는 'ㅅ' 불규칙 동사는 어느 것인가?

下面动词中,哪个是'ㅅ'词干—不规则动词?

① 낫다   ② 씻다   ③ 벗다   ④ 솟다

03 다음 중 어미 변화에 따른 동사 활용이 잘못된 것은 어느 것인가?

下面动词中,哪个动词词尾变化**是错的**?

① 긋다 – 그으면   ② 짓다 – 지어서   ③ 솟다 – 솟아서   ④ 빗다 – 비어서

04 다음 문장에서 밑줄친 부분의 동사 활용이 잘못 된 것은 어느 것인가?

下面划线部分,哪个动词变化**是错的**?

① 영희는 주전자에 물을 부었습니다.

    ① [英喜]往壶里倒了水。

② 약을 먹고 감기가 다 낫았습니다.

    ② 吃了药感冒好了。

③ 손을 자주 씻는 것이 좋습니다.

    ③ 常常洗手很好。

④ 아침에 해가 솟아올라 주위가 밝아졌습니다.

    ④ 早上太阳升起来,周围变亮了。

05 괄호 안에 들어 가 있는 동사의 올바른 동사 활용은 어느 것인가?

下列括号里,哪个动词变化**是正确的**?

> 예문 : 그는 새 집을 (㉠ 짓다), 부친의 가업을 (㉡ 잇다) 나갔습니다.
>
>   他(㉠ 建了)新房子(㉡ 接手了)爸爸的事业。

① ㉠ 짓고 – ㉡ 잇어   ② ㉠ 짓고 – ㉡ 이어

③ ㉠ 지고 – ㉡ 잇어   ④ ㉠ 지고 – ㉡ 이어

🪭 정답(答案)

01 ②, ④ : ② '먹다' 는 규칙 동사　　　④ '빼앗다'는 'ㅅ' 규칙 동사
　　　　　② '먹다'(吃)是规则动词,　　　④ '빼앗다'(抢)是'ㅅ'的规则动词。
　　　　① '짓다' 와 ③ '긋다' 는 'ㅅ' 불규칙 동사
　　　　① '짓다'(建)和 ③ '긋다'(划)是'ㅅ'的不规则动词。

02 ① : ① '낫다' 는 'ㅅ' 불규칙 동사
　　　　② '씻다', ③ '벗다', ④ '솟다' 는 'ㅅ' 규칙 동사
　　　　① '낫다'(全愈)是'ㅅ'的不规则动词。
　　　　② '씻다'(洗), ③'벗다'(脱)和 ④'솟다'(升起)是'ㅅ'的规则动词。

03 ④ : ④ '빗다'는 'ㅅ' 규칙 동사로 어떠한 어미를 만나도 'ㅅ'이 탈락하지 않는다.
　　　　④ '빗다'(梳)是'ㅅ'的规则动词,它跟任何词尾连接时,都不省略'ㅅ'。
　　　　④ '빗다' – '빗어서'

04 ② : ② '낫다'는 'ㅅ' 불규칙 동사로 3그룹 어미('으' 이외 모음)를 만나면
　　　　　'ㅅ'이 탈락한다.
　　　　② '낫다'(全愈)是'ㅅ'的不规则动词,它跟第3组词尾(除了'으'以外的母音)
　　　　　　连接时,要省略'ㅅ'。
　　　　② 낫았습니다 (X) → 나았습니다(O)
　　　① '붓다'는 'ㅅ'불규칙 동사로 모음 어미를 만나면 'ㅅ'이 탈락한다.
　　　　① '붓다'(倒)是'ㅅ'的不规则动词,它跟母音词尾连接时,要省略'ㅅ'。
　　　③ '씻다'와 ④ '솟다'는 'ㅅ' 규칙 동사로 어떠한 어미가 오더라도
　　　'ㅅ'이 탈락하지 않는다.
　　　　③ '씻다'(洗)和④ '솟다'(升起)是'ㅅ'的规则动词,它跟任何词尾连接时,都不省略'ㅅ'。

05 ② : '짓다', '잇다'는 'ㅅ' 불규칙 동사로 **자음 어미**가 오면 'ㅅ'이 탈락하지 않으나,
　　　　모음 어미가 오면 'ㅅ'이 탈락한다.
　　　　'짓다'(建)和'잇다'(接)是'ㅅ'的不规则动词,它跟**子音词尾**连接时,不能省略'ㅅ',
　　　　但跟**母音词尾**连接时,要省略'ㅅ'。

(2) 'ㄷ' 불규칙 동사

(2) 'ㄷ'的不规则动词

　　　어간이 'ㄷ'으로 끝나는 일부 동사는 자음 어미를 만나면 변화가 없지만

　　　모음 어미를 만나면 'ㄷ'이 'ㄹ'로 바뀐다.

　　　　词干以'ㄷ'结束的部分动词跟子音词尾连接时,词干不变化,

　　　　但跟母音词尾连接时最后的'ㄷ'要变到'ㄹ'。

　　　　　– 동사(动词) : 묻다(问), 듣다(听), 걷다(走), 싣다(装载), 깨닫다(领悟,感觉),

　　　　　　　　　　　일컫다(称作,称呼,叫做)

　　(ㄱ) 어미　1그룹(+ **자음**)　　　　　　　어간 변화없음

　　　　　　　　2그룹(+ '**으**'모음)　　　　　어간 마지막 'ㄷ' → 'ㄹ'

　　　　　　　　3그룹(+ '**으**' 외 모음)　　　어간 마지막 'ㄷ' → 'ㄹ'

　　　(ㄱ) 词尾　第1组(+ **子音**)　　　　　　　词干不变

　　　　　　　　第2组(+ '**으**'母音)　　　　　词干最后的 'ㄷ' → 'ㄹ'

　　　　　　第3组(+ 除了 '으' 以外的母音)　词干最后的 'ㄷ' → 'ㄹ'

묻다 : 묻 – + – 다 问	어간 마지막 모음 **음성 모음** 'ㅜ' 词干的最后一个母音是**阴性母音** 'ㅜ'
묻 – + **자음** 　　+ **子音** 묻 – + '**으**' 모음 　　+ '**으**' 母音 묻 – + '**으**' 외의 모음 　　+ **除了'으' 以外母音**	묻고, 묻는 　先问-然后,问的- 물으면 #¹, 물려고 　问的话,为了问 물어서, 물었다 #² 　因为问–,问了–

#¹ 묻 – + – 으면 → 물 – + – 으면 → 물으면

#² 묻 – + – 었다 → 물 – + – 었다 → 물었다

듣다 : 듣 – + – 다 听	어간 마지막 모음 **중성 모음** 'ㅡ' 词干的最后一个母音是**中性母音** 'ㅡ'
듣 – + **자음** 　　+ **子音** 듣 – + '**으**' 모음 　　+ '**으**' 母音 듣 – + '**으**' 외의 모음 　　+ **除了'으' 以外的母音**	듣고, 듣는 　先听-然后,听的- 들으면, 들려고 #³ 　听的话,为了听- 들어서 #⁴, 들었다 　因为听–,听了–。

#³ 듣- +-으려고 → 들- + -으려고 → 들으려고
#⁴ 듣- +-어서 → 들- + -어서   → 들어서

(ㄴ) 'ㄷ' 불규칙 동사 예문

　　(ㄴ) 'ㄷ'的不规则动词例句

① 모르는 것은 **묻고** 대답을 **듣는** 태도는 좋습니다.

　　① 有不知道的事就问,认真听他人答复的态度是好的。 묻- + **-고** → 묻고
　　　　　　　　　　　　　　　　　　　　　　듣- + **-는** → 듣는

② 철수는 모르는 것을 **물으려고** 친구에게 갔다.

　　② [哲洙]为了问自己不知道的事,去了朋友那儿。 묻- + **-으려고** → 물으려고

③ 철수는 모르는 것을 **물어서** 대답을 **들었습니다**.

　　③ [哲洙]问自己不知道的事,听到了答复。 묻- + **-어서** → 물어서
　　　　　　　　　　　　　　　　　　　듣- + **-었습니다** → 들었습니다

④ 외국을 가 보고 세상이 넓다는 것을 **깨달았습니다**.

　　④ 走出国门才感到世界是多么的广阔。 깨닫- + **-았습니다** → 깨달았습니다

(ㄷ) 'ㄷ' 규칙동사

　　(ㄷ) 'ㄷ'的规则动词

　　　어간이 'ㄷ'으로 끝나는 일부 동사는 어떠한 어미가 오더라도 'ㄷ'이 변하지 않는다.

　　　词干以'ㄷ'结束的部分动词跟任何一个词尾连接时,词干'ㄷ'都不变化。

　– 동사(动词) : 믿다(相信), 쏟다(倒,倾注), 얻다(得到), 닫다(关),

　　　　　　　　돋다(萌生,萌发), 뻗다(伸展), 묻다(埋)等。

㉠ 어미　1그룹(+ **자음**)　　　　　어간 변화없음
　　　　2그룹(+ '으' 모음)　　　　어간 변화없음
　　　　3그룹(+ '으' 외 모음)　　 **어간 변화없음**
㉠ 词尾　第1组(+ 子音)　　　　　词干不变
　　　　第2组(+ '으' 母音)　　　　词干不变
　　　　第3组(+ 除了 '으' 以外的母音)　词干不变

134

믿다 : 믿 - + -다 　相信	
믿- + **자음** 　　+ **子音** 믿- + '으' 모음 　　+ '으' 母音 믿- + '으' 외의 모음 　　+ 除了'으' 以外的母音	믿고, 믿는 　先相信-然后,相信的 믿으면, 믿으려고 　相信的话,为了相信 믿어서, 믿었다 　因为相信-,相信了-
얻다 : 얻 - + -다 　得到	
얻- + **자음** 　　+ **子音** 얻- + '으' 모음 　　+ '으' 母音 얻- + '으' 외의 모음 　　+ 除了'으' 以外的母音	얻고, 얻는 　先得到-然后,得到的 얻으면, 얻으려고 　得到的话,为了得到 얻어서, 얻었다 　因为得到-,得到了-

　㈃ 'ㄷ' 규칙동사 예문

　　㈃ 'ㄷ' 规则动词例句

　⑤ 영희는 상사의 신임을 얻으려고 온갖 정성을 쏟았다.

　　⑤ [英喜]为了得到上司的信任,倾注了所有的心血。

얻- + -으려고 → 얻으려고

쏟- + -았다 → 쏟았다

　⑥ 곧 새싹이 돋아 나오는 봄이 온다.

　　⑥ 幼苗萌发的春天就要来了。　　돋- + -아 → 돋아

　⑦ 철수는 땅을 파서 씨앗을 묻었습니다.

　　⑦ [哲洙]挖出土来放进去了种子。　묻- + -었습니다→ 묻었습니다

(3) 'ㅂ' 불규칙동사

　(3) 'ㅂ'的不规则动词

　어간이 'ㅂ'으로 끝나는 일부 동사는 모음 어미를 만나면 'ㅂ'이 '우'나 '오'로 바뀐다.

　　词干以'ㅂ'结束的部分动词跟母音连接时,最后词干'ㅂ'要变到 '우'或'오'。

　- 동사(动词) : 돕다(帮,帮助), 줍다(捡), 눕다(躺,卧), 굽다(烤)

(ㄱ) 어미 1그룹(+ **자음**)　　　　　　어간 변화없음

　　　　　2그룹(+ '으'모음)　　　　　어간 마지막 'ㅂ' → '우'또는'오'

　　　　　3그룹(+ '으' 외 모음)　　　어간 마지막 'ㅂ' → '우'또는'오'

(ㄱ) 词尾 第1组(+ **子音**)　　　　　　词干不变。

　　　　　第2组(+ '으'母音)　　　　　词干最后的'ㅂ' → '우'或'오'

　　　　　第3组(+ 除了'으' 以外的母音)　词干最后的'ㅂ' → '우'或'오'

돕다 : 돕- + -다 帮,帮助	
돕- + **자음** 　+ **子音** 돕- + '으' 모음 　+ '으' 母音 돕- + '으' 이외 모음 　+ 除了'으' 以外的母音	돕고, 돕는 　帮助-然后,帮助的 도우면#1, 도우려고 　帮助的话,为了帮助 도와서#2, 도왔다 　因为帮助-,帮助了-

#1 돕- + -(으)면 → 도우- + -(으)면 → 도우면

#2 돕- + -아서 → 도오- + -아서 → 도와서

줍다 : 줍- + -다 捡	
줍- + **자음** 　+ **子音** 줍- + '으' 모음 　+ '으' 母音 줍- + '으' 이외 모음 　+ 除了'으' 以外的母音	줍고, 줍는 　捡-然后,捡的 주우면#3, 주우려고 　捡的话,为了捡 주워서#4, 주웠다 　因为捡-,捡了-

#3 줍 + 으면 → 주우 + -(으)면 → 주우면

#4 줍 + 어서 → 주우 + -어서 → 주워서

(ㄴ) 'ㅂ' 불규칙 동사 예문

　(ㄴ) 'ㅂ'的不规则动词例句

① 서로가 **돕고 돕는** 그런 사회를 만들어 갑시다.

　① 让我们一起来建立一个互相帮助的社会吧。　　　돕- + -고 → 돕고

　　　　　　　　　　　　　　　　　　　　　　　　돕- + -는 → 돕는

136

② 철수는 무거운 짐을 든 친구를 도와주었습니다.

　　② [哲洙]帮助了一个拿着重行李的朋友。

　　　　　　　돕- + -아 → **도오**- + -아 → **도와**

③ 철수는 연필을 주우려고 허리를 숙였습니다.

　　③ [哲洙]为了捡铅笔, 弯下了腰。

　　　　　　줍- + -(으)려고→ **주우**- + -(으)려고→ **주우려고**

④ 철수는 누워서 다리를 쭉 뻗었습니다.

　　④ [哲洙]躺下来，伸直了腿。

　　　　　　눕- + -어서 → **누우**- + -어서 → **누워서**

(ㄷ) 'ㅂ' 규칙 동사

(ㄷ) 'ㅂ' 规则动词

　어간이 'ㅂ'으로 끝나는 일부 동사는 모음 어미가 오더라도 'ㅂ'이 변하지 않는다.

　词干以'ㅂ'结束的部分动词跟任何一个词尾连接时,词干都不变化。

- 동사(动词) : 입다(穿), 씹다(嚼), 잡다(抓,捕捉), 뽑다(拔,选拔),

　　　　　접다(折叠,合), 집다(夹,捏)等。

- 입다 : 입- + -다 　穿	
입- + **자음** 　　　+ **子音** 　입- + '으' 모음 　　　+ '으' 母音 　입- + '으' 이외 모음 　　　+ 除了'으' 以外的母音	입고, 입**는** 　穿-然后,穿的 입으면, 입으려고 　穿的话, 为了穿 입어서, 입었다 　因为穿-, 穿了-
- 잡다 : 잡- + -다 　- 抓,捕捉	
잡- + **자음** 　　　+ **子音** 　잡- + '으' 모음 　　　+ '으' 母音 　잡- + '으' 이외 모음 　　　+ 除了'으' 以外的母音	잡고, 잡**는** 　抓-然后, 抓的 잡으면, 잡으려고 　抓的话, 为了抓 잡아서, 잡았다 　因为抓-, 抓了-

㈃ 'ㅂ' 규칙 동사 예문

    ㈃ 'ㅂ' 规则动词例句。

⑤ 영희는 밝은 색 옷을 입으려고 노란색 옷을 골라 입었다.

    ⑤ [英喜]为了穿件亮色衣服,选了件黄色的衣服穿。

                입- + -(으)려고 → 입으려고

                입- + -었다 → 입었다

⑥ 꽃이 잘 자라게 하려면 잡초를 뽑아 주어야 한다.

    ⑥ 为了让花好好儿地生长,一定要拔杂草。 뽑- + -아 → 뽑아

⑦ 경찰이 도둑을 잡아서 유치장에 집어 넣었습니다.

    ⑦ 警察抓住了小偷,把他送进了看守所。 잡- + -아서 → 잡아서

                                            집- + -어 → 집어

⑧ 아이가 고기를 씹으려고 하는 모습이 귀엽다.

    ⑧ 幼儿要咀嚼肉的样子很可爱。 씹- + -(으)려고 → 씹으려고

문제 问题

01 다음에서 어간이 변하는 불규칙 활용 동사를 모두 고르시오.

请选出下面动词中,**所有的**不规则动词。

① 묻다(问)　　　　　　② 싣다

③ 돕다　　　　　　　　④ 입다

02 다음 중 어미 변화에 따른 동사 활용이 잘못된 것은 어느 것인가?

下面动词中,哪个动词词尾变化**是错的**?

① 듣다 – 들으면　　　　② 걷다 – 걸으면

③ 싣다 – 실어서　　　　④ 믿다 – 밀어서

03 다음 중 어미 변화에 따른 동사 활용이 잘못된 것은 어느 것인가?

下面动词中,哪个动词词尾变化**是错的**?

① 줍다 – 줍으려고　　　② 굽다 – 구우면

③ 씹다 – 씹으려고　　　④ 잡다 – 잡으면

04 다음 문장 중 밑줄친 부분 중 동사 활용이 잘못된 것은 어느 것인가?

下面句子中划线部分,哪个动词变化**是错的**?

① 영희는 친구 일을 도와주었다.

　① [英喜]帮了朋友的忙。

② 추워서 창문을 달았습니다.

　② 因为有点儿冷,所以关上了窗户。

③ 철수는 모르는 것을 친구에게 물었습니다.

　③ [哲洙]问朋友自己不知道的事。

④ 경찰이 도둑을 잡아서 유치장에 집어넣었습니다.

　④ 警察抓住了小偷,把他送进了看守所。

05 괄호 안에 들어 가 있는 동사의 올바른 동사 활용은 어느 것인가?

下面括号里,哪个动词变化**是正确的?**

> 예문 : 철수가 씨앗을 (㉠ 집다), 땅에 (㉡ 묻다(埋))
>
> [哲洙] (㉠ 拿起) 种子,把它 (㉡ 埋进了) 土地。

① ㉠ 집어 – ㉡ 물었다   ② ㉠ 집어 – ㉡ 묻었다

③ ㉠ 지워 – ㉡ 물었다   ④ ㉠ 지워 – ㉡ 묻었다

06 괄호 안에 들어 가 있는 동사의 올바른 동사 활용은 어느 것인가?

下面括号里,哪个动词变化**是正确的?**

> 예문 : 영희는 잠을 자려고 얼굴을 깨끗이 (㉠ 씻다), 침대에 (㉡ 눕다)
>
> [英喜]为了睡觉 (㉠ 洗) 好脸,然后在床上 (㉡ 躺了下来)。

① ㉠ 씻고 – ㉡ 눕었다   ② ㉠ 씻고 – ㉡ 누웠다

③ ㉠ 씨고 – ㉡ 눕었다   ④ ㉠ 씨고 – ㉡ 누웠다

01 ①, ②, ③ : ① '묻다'와 ② '싣다'는 'ㄷ' 불규칙 동사. ③ '돕다'는 'ㅂ' 불규칙 동사
  ① '묻다'(问)和②'싣다'(装载)是'ㄷ'的不规则动词. ③'돕다'(帮助)是'ㅂ'的不规则动词。
  ④ '입다'는 'ㅂ' 규칙 동사
  ④ '입다'(穿)是'ㅂ'的规则动词。

02 ④ : ④ '믿다'는 'ㄷ' 규칙 동사로   믿다 – 믿어서
  ④ '믿다'(相信)是'ㄷ'规则动词,   믿다 – 믿어서
  ① '듣다' ② '걷다' ③ '싣다'는 'ㄷ' 불규칙 동사
  ① '듣다'(听), ②'걷다'(走)和 ③'싣다'(装载)是'ㄷ'的不规则动词。

03 ① : ① '줍다'는 'ㅂ' 불규칙 동사
  ① '줍다'(捡)是 'ㅂ' 的不规则动词.
           ① 줍– + –으려고 → 주우– + –(으)려고 → '주우려고'
  ② '굽다'는 'ㅂ'불규칙 동사
  ② '굽다'(烤)是'ㅂ'的不规则动词。
           ② 굽– + –(으)면 → 구우– + (으)면 → '구우면'
  ③ '씹다'와 ④ '잡다'는 'ㅂ'규칙 동사이다.
  ③ '씹다'(嚼)和 ④ '잡다'(抓)是'ㅂ'的规则动词。

04 ② : ② '닫다'는 'ㄷ' 규칙 동사로 어떤 어미가 오더라도 어간이 변하지 않는다.
  ② '닫다'(关)是'ㄷ'的规则动词, 它跟任何词尾连接时, 词干都不变化。
  ② 닫– + –았습니다 → '닫았습니다' 가 올바른 표현이다.
  ① 돕– + –아 → 도오– + –아 → '도와'
  ③ 묻– + –었습니다 → 물– + –었습니다 → 물었습니다
  ④ '잡다'는 'ㅂ' 규칙 동사로 어떠한 어미가 오더라도 'ㅂ'이 바뀌지 않는다.
  ④ '잡다'(抓)是'ㅂ'的规则动词, 它跟任何词尾连接时, 'ㅂ'都不变化。

05 ② : '집다'는 'ㅂ' 규칙 동사. '땅에 묻다'의 '묻다(埋)'는 'ㄷ' 규칙 동사이다.
  : '집다'(拿起) 是 'ㅂ' 的规则动词, '땅에 묻다'(埋在地里)的 '묻다(埋)'是'ㄷ'的规则动词.

06 ② : '씻다'는 'ㅅ' 규칙 동사로 어떠한 어미가 오더라도 'ㅅ'이 탈락하지 않는다.
  : '씻다'(洗)是'ㅅ'的规则动词, 它跟任何一个词尾连接时, 都不省略'ㅅ'。
  '눕다'는 'ㅂ' 불규칙 동사. '눕– + –었다' → '누우– + –었다' → '누웠다'
  '눕다'(躺)是'ㅂ'的不规则动词。

(4) '르' 불규칙 동사

　(4) '르' 的不规则动词

　어간이 '르'로 끝나는 동사는 '자음'이나 '으' 모음이 연결되면 변화가 없지만

'으' 이외의 모음을 만나면 '르'가 'ㄹㄹ'로 바뀐다.

　　词干以'르'结束的动词跟子音连接时, 或跟'으'母音连接时, 词干不变。

　　但跟'으'以外的母音连接时, 最后词干르要变到'ㄹㄹ'。

　　– 동사(动词) : 고르다(挑,选择), 모르다(不知道), 누르다(按), 나르다(搬运),

　　　　　　　　기르다(养,饲养), 부르다(叫), 오르다(登,上,涨,提高),

　　　　　　　　찌르다(戳,捅,刺), 흐르다(流), 이르다(告诉)

　(ㄱ) 어미　　1그룹(+ **자음**)　　　　　　　어간 변화없음

　　　　　　　2그룹(+ '으'모음)　　　　　　어간 변화없음

　　　　　　　3그룹(+ '으' 외 모음)　　　　**어간 마지막 '르' → 'ㄹㄹ'**

　(ㄱ) 词尾　第1组(+ 子音)　　　　　　　　词干不变

　　　　　　　第2组(+ '으'母音)　　　　　　词干不变

　　　　　　　第3组(+ 除了'으' 以外的母音)　词干最后的'르' → 'ㄹㄹ'

고르다 : 고르– + –다 　挑	
고르– + **자음** 　　　　+ **子音** 　고르– + '으' 모음 　　　　+ '으' 母音 　고르– + '으' 이외 모음 　　　　+ 除了'으'以外的母音	고르고, 고르는 　挑-然后, 挑的 고르면, 고르려고 　挑-的话, 为了挑 골라서 #1, 골랐다 　因为挑–, 挑了–

　　　　　　　　　　　　　　　#1 고르– + –아서 → 고르ㄹ + –아서 → 골라서

누르다 : 누르– + –다 　按	
누르– + **자음** 　　　　+ **子音** 　누르– + '으' 모음 　　　　+ '으' 母音 　누르– + '으' 이외 모음 　　　　+ 除了 '으' 以外的母音	누르고, 누르는 　按-然后, 按-的 누르면, 누르려고 　按的话, 为了按– 눌러서 #2, 눌렀다 　因为按–, 按了–

　　　　　　　　　　　　　　　#2 누르– + –어서 → **누르ㄹ** + –어서 → 눌러서

142

모르다 : 모르 − + −다 不知道	

모르− + **자음**
    + **子音**
모르− + **'으' 모음**
    + **'으' 母音**
모르− + **'으' 이외 모음**
    + **除了 '으' 以外的母音**
	모르고, 모르는
	    不知道−然后, 不知道的
	모르면, 모르니
	    不知道的话, 不知道−所以
	몰라서#3, 몰랐다
	    因为不知道−, 不知道−

#3 모르− + −아서 → 모르ㄹ + −아서 → 몰라서

(ㄴ) '르' 불규칙 동사 예문

　(ㄴ) '르' 不规则动词例句

① 영희는 한참을 **고르고** 골라서 노란색 옷을 **골랐다**.

　① [英喜]挑衣服挑了很长时间, 然后挑了一件黄色的衣服.

고르− + −고 → 고르고

고르− + −아서 → 고르ㄹ + −아서 → 골라서

고르− + −았다 → 고르ㄹ + −았다 → 골랐다

② 길을 몰라서, 길 가는 **모르는** 사람에게 물어보았다.

　② 因为不知道怎么走, 问了一位路人.

모르− + −아서 → 모르ㄹ + −아서 → 몰라서

모르− + −는 → 모르는

③ 철수는 초인종을 **눌러서** 주인을 **불러냈습니다**.

　③ [哲洙]按门铃叫了房东.

누르− + −어서 → 누르ㄹ + −어서 → 눌러서

부르− + −어 → 부르ㄹ + −어 → 불러

(5) '—' 불규칙 동사

(5) '—' 的不规则动词

　어간이 '—'로 끝나는 동사는 자음이나 '으' 모음을 만나면 변화가 없지만

　'으' 이외의 모음을 만나면 '—'가 탈락한다.

　　词干以'—'结束的动词跟子音连接时, 或跟'으'母音连结时, 词干不变化.

　　但跟'으'以外的母音连接时, 要省略最后词干'—'.

- 동사(动词) : 쓰다(写), 따르다(倒,按照,跟随), 들르다(拜访,顺便去),

　　　　　 치르다(支付,办), 다다르다(到,达到)等。

(ㄱ) 어미　　1그룹(+ **자음**)　　　　　　어간 변화없음

　　　　　　2그룹(+ '**으**'모음)　　　　　어간 변화없음

　　　　　　3그룹(+ '**으**' 외 모음)　　　　어간 마지막 '**ㅡ**'생략

(ㄱ) 词尾　第1组(+ **子音**)　　　　　　　词干不变

　　　　　 第2组(+ '**으**'母音)　　　　　　词干不变

　　　　　 第3组(+ 除了'으' 以外的母音)　　**省略词干最后的'ㅡ'**

쓰다 : 쓰ㅡ + ㅡ다 　写	
쓰ㅡ + 자음 　　**+ 子音** 　쓰ㅡ + '**으**' 모음 　　+ '**으**' 母音 　쓰ㅡ + '**으**' 이외 모음 　　+ 除了'**으**' 以外的母音	쓰**고**, 쓰**는** 　写ㅡ以后, 写ㅡ的 쓰**면**, 쓰**려고** 　写的话, 为了写ㅡ **써서**#¹, **썼다** 　因为写ㅡ, 写了ㅡ

#¹　쓰ㅡ + ㅡ어서 → ㅆㅡ + ㅡ어서 → 써서

따르다 : 따르ㅡ + ㅡ다 　按照,跟随	
따르ㅡ + 자음 　　**+ 子音** 　따르ㅡ + '**으**' 모음 　　+ '**으**' 母音 　따르ㅡ + '**으**' 이외 모음 　　+ 除了'**으**' 以外的母	따르**고**, 따르**는** 　跟随ㅡ然后, 跟随ㅡ的 따르**면**, 따르**려고** 　跟随的话, 为了跟随ㅡ **따라서**#², **따랐다** 　因为跟随ㅡ, 跟随了ㅡ

#²　따르ㅡ + ㅡ아서 → 따ㄹㅡ + ㅡ아서 → 따라서

들르다 : 들르ㅡ + ㅡ다 　順便去	
들르ㅡ + 자음 　　**+ 子音** 　들르ㅡ + '**으**' 모음 　　+ '**으**' 母音 　들르ㅡ + '**으**' 이외 모음 　　+ 除了'**으**' 以外的母音	들르**고**, 들르**는** 　順便去ㅡ以后, 順便去ㅡ的 들르**면**, 들르**려고** 　順便去的话, 为了順便去 **들러서**#³, **들렀다** 　因为順便去ㅡ,順便去了

#³　들르ㅡ + ㅡ어서 → 들ㄹㅡ + ㅡ어서 → 들러서

㈃ '一' 불규칙 동사 예문

㈃ '一' 不规则动词例句

① 일기를 쓰려고 펜을 들었습니다.

　① 为了写日记,拿起了钢笔。　쓰- + -(으)려고 → 쓰려고

② 집에 가는 길에 할머니 댁에 들렀습니다.

　② 回家的路上,顺便去了趟奶奶家。

　　　　　　들르- + -었습니다 → 들ㄹ- + -었습니다 → 들렀습니다

③ 영희는 편지지 선을 따라서 편지를 썼습니다.

　③ [英喜]顺着信纸上的线条写了信。

　　　　　　따르- + -아서 → 따ㄹ- + -아서 → 따라서
　　　　　쓰- + -었습니다 → ㅆ- + -었습니다 → 썼습니다

01 다음에서 어간이 변하는 불규칙 활용 동사를 모두 고르시오.

　　请选出下面动词中,**所有的**不规则动词。

　　① 모르다　　　　　　　　② 이르다(告诉)

　　③ 따르다　　　　　　　　④ 쓰다

02 다음 중 어미 변화에 따른 동사 활용이 잘못된 것은 어느 것인가?

　　下面动词中,哪个动词词尾变化**是错的?**

　　① 고르다 – 고르면　　　　② 고르다 – 골라서

　　③ 누르다 – 눌르면　　　　④ 누르다 – 눌러서

03 다음 중 어미 변화에 따른 동사 활용이 잘못된 것은 어느 것인가?

　　下面动词中哪个动词词尾变化**是错的?**

　　① 따르다 – 따르려고　　　② 따르다 – 따라서

　　③ 쓰다 – 써려고　　　　　④ 쓰다 – 써서

04 다음 문장의 밑줄친 부분 중 동사 활용이 잘못된 것은 어느 것인가?

　　下面句子中划线部分,哪个动词变化**是错的?**

　　① 영희는 강아지를 길르고 있다.

　　　　① [英喜]在养一只狗。

　　② 최근 물가가 올랐다.

　　　　② 最近物价涨了。

　　③ 철수는 숙제를 몰라서 친구에게 물었다.

　　　　③ 因为[哲洙]不知道作业,所以问了个朋友。

　　④ 물건을 사고 주인에게 물건값을 치렀다.

　　　　④ 买了东西之后,向店主支付了钱。

05 괄호 안에 들어 가 있는 동사의 올바른 동사 활용은 어느 것인가?
下面括号里,哪个动词变化**是正错的?**

> 예문 : 철수는 친구 집에 (㉠ 들르다), 이사 짐을 (㉡ 나르다) 주었다.
>
> [哲洙] (㉠ 去)一个朋友那儿,帮他 (㉡ 搬了)家。

① ㉠ 들러서 – ㉡ 나라   ② ㉠ 들르어서 – ㉡ 나라
③ ㉠ 들러서 – ㉡ 날라   ④ ㉠ 들르어서 – ㉡ 날라

🪭 정답(答案)

01 ①, ②, ③, ④ : ① '모르다'와 ② '이르다' 는 'ㄹ' 불규칙 동사
　　　　　　　　　　 : '모르다'和② '이르다'是'ㄹ'的不规则动词。
　　　　　　　　③ '따르다'와 ④ '쓰다'는 'ㅡ' 불규칙 동사
　　　　　　　　③ '따르다'和 ④ '쓰다'是'ㅡ'的不规则动词。

02 ③ : '고르다', '누르다'는 'ㄹ' 불규칙 동사로 '으' 어미를 만나면 변화가 없지만,
　　　　'으' 이외의 모음을 만나면 **'르'가 'ㄹㄹ'로 변화한다.**
　　　　　: '고르다', '누르다'是'ㄹ'的不规则动词,词干跟'으'母音连接时不变化,
　　　　　但跟'으'以外的母音连接时,'르'要变到'ㄹㄹ'。
　　　① 고르 – + – (으)면 → '고르면'
　　　② 고르 – + – 아서 → 고ㄹㄹ – + – 아서 → '골라서'
　　　③ 누르 – + – (으)면 → '누르면'
　　　④ 누르 – + – 어서 → 누ㄹㄹ – + – 어서 → '눌러서'

03 ③ : '따르다', '쓰다'는 'ㅡ' 불규칙 동사로 '으' 어미를 만나면 변화가 없지만
　　　　'으' 이외의 모음을 만나면 'ㅡ'가 탈락한다.
　　　　　: '따르다', '쓰다'是'ㅡ'的不规则动词,词干跟'으'母音连接时
　　　　　不变化,但跟'으'以外的母音连接时,要省略'ㅡ'。
　　　① 따르 – + – (으)려고 → 따르려고
　　　② 따르 – + – 아서 → 따ㄹ – + – 아서 → 따라서
　　　③ 쓰 – + – (으)려고 → 쓰려고
　　　④ 쓰 – + –어서 → ㅆ– + –어서 → 써서

04 ① : '기르다', '오르다', '모르다'는 'ㄹ' 불규칙 동사로 자음이나 '으' 어미를 만나면
　　　　변화가 없지만, '으' 이외의 모음을 만나면 '르'가 'ㄹㄹ'로 변화한다.
　　　　　: '기르다', '오르다', '모르다'是 'ㄹ' 的不规则动词,词干跟子音或'으' 母音
　　　　　连接时不变化,但跟'으' 以外的母音连接时'르'要变到'ㄹㄹ'。

① 기르 – + – 고 → '**기르고**'

② '오르 – + – 았다' → '오르ㄹ – + – 았다' → '올랐다'

③ '모르 – + – 아서' → '모르ㄹ – + – 아서' → '몰라서'

④ '치르다'는 '—' 불규칙 동사로 '으' 이외의 모음을 만나면 '—'가 탈락한다.

   ④ '치르다' 是'—' 的不规则动词,词干跟'으'以外的母音连结时,要省略'—'。

④ '치르 – + – 었다' → '치ㄹ – + – 었다' → '치렀다'

05 ③ : ㉠ '들르다'는 '—' 불규칙 동사로 '으' 어미를 만나면 변화가 없지만

'으' 이외의 모음을 만나면 '—'가 탈락한다.

   : ㉠ '들르다' 是'—' 的不规则动词,词干跟'으'母音连接时不变化,

但跟'으'以外的母音连接时,要省略'—'。

㉠ '들르 – + – 어서' → '들ㄹ – + – 어서' → '들러서'

㉡ '나르다'는 '르' 불규칙 동사로 '으' 어미를 만나면 변화가 없지만,

'으' 이외의 모음을 만나면 '르'가 'ㄹㄹ'로 변화한다.

   ㉡ '나르다' 是'르' 不规则动词,词干跟'으' 母音连接时不变化,

但跟'으' 以外的母音连接时'르'要变到'ㄹㄹ'。

㉡ '나르 – + – 아' → '나르ㄹ – + – 아' → '날라'

148

(6) '┬' 불규칙 동사

(6) '┬' 的不规则动词

어간이 '┬'로 끝나는 일부 동사는 자음이나, '으' 모음을 만나면 변화가 없지만,

'으' 이외의 모음을 만나면 '┬'가 탈락한다.

　　词干以'┬'结束的部分动词跟子音连接时,或跟'으'母音连接时,

　　词干都不变化。但跟'으'以外的母音连接时,要省略最后词干'┬'。

－ 동사(动词) : 푸다(打,盛,舀)

(ㄱ) 어미　　1그룹(+ **자음**)　　　　어간 변화없음

　　　　　　2그룹(+ '으' 모음)　　어간 변화없음

　　　　　　3그룹(+ '으' 외 모음)　**어간 마지막 '┬'생략**

(ㄱ) 词尾　　第1组(+ 子音)　　　　词干不变。

　　　　　　第2组(+ '으' 母音)　　词干不变。

　　　　第3组(+ 除了'으' 以外的母音)　省略词干最后的 '┬'

푸다 : 푸－ + －다 打,盛	
푸－ + **자음** 　+ **子音** 푸－ + '으' 모음 　+ '으' 母音 푸－ + '으' 이외 모음 　+ 除了'으' 以外的母音	푸고, 푸는 　盛—然后,盛—的 푸면, 푸려고 　盛的话,为了盛 퍼서#1, 펐다 　因为盛—,盛了

#1 푸－ + －어서 → ㅍ－ + －어서 → 퍼서

(ㄴ) '┬' 불규칙 동사 예문

(ㄴ) '┬' 的不规则动词例句

① 영희는 우물의 물을 퍼서 통에 담았습니다.

　① [英喜]从井里打了水,倒向桶里。 푸－ + －어서 → ㅍ－ + －어서 → 퍼서

② 밥이 아직 안 되었으니 지금 밥을 푸면 안됩니다.

　② 饭还没好,现在不能盛饭。　　　　푸－ + －(으)면 → 푸면

(ㄷ) '┬' 규칙 동사

(ㄷ) '〒'的规则动词

어간이 '〒'로 끝났으나 모음을 만나더라도 변하지 않는다.

　词干以'〒'结束的部分动词跟任何词尾连接时,词干都不变化。

– 동사(动词) : 두다(放,放置), 누다(撒尿)

– 두다 : **두** + －다 　– 放,放置	
두 + **자음** 　+ **子音** 두 + '으' 모음 　+ '으' 母音 두 + '으' 이외 모음 　+ 除了'으' 以外的母音	: 두고, 두**는** 　: 放–然后,放–的 : 두면, 두려고 　: 放的话,为了放– : 두**어서**, 두**었다** 　: 因为放–,放了

(ㄹ) '〒' 규칙 동사 예문

　(ㄹ) '〒' 的规则动词例句

① 김치단지를 땅에 묻어 두어서 이미 잘 익혔습니다.

　① 因为把泡菜缸埋在土地里,所以泡菜已经发酵好了。두– + －어서 → 두어서

② 뚜껑을 열어 두면 물이 상할 수 있습니다.

　② 把水壶盖儿打开不盖上的话,水会坏的。　　　두– + －(으)면 → 두면

(7) 'ㄹ' 불규칙 동사

　(7) 'ㄹ' 的不规则动词

어간이 'ㄹ'로 끝나는 모든 동사는 특정 어미를 만나면 'ㄹ'이 탈락한다.

　词干以'ㄹ'结束的所有动词跟特定词尾连接时,要省略最后词干'ㄹ'。

－ 동사(动词) : 알다(知道,认识), 살다(住), 울다(哭), 팔다(卖), 갈다(磨,换), 뒹굴다(打滚),

　　　　　　　머물다(停留,呆), 아물다(愈合)

(ㄱ) 어간이 아래와 같은 어미를 만나면 'ㄹ'이 탈락한다.

　(ㄱ) 词干跟下面的词尾连接时,要省略最后一个词干'ㄹ'。

　　㉠ 'ㄴ'으로 시작하는 어미　: 알– + －는 → 아 – + －는 → 아는

　　　㉠ 以'ㄴ'开始的词尾。　　　知道的,认识的

　　㉡ 'ㅅ'으로 시작하는 어미　: 알– + －시는 → 아 – + －시는 → 아시는

　　　　ⓛ 以'ㅅ'开始的词尾。　　知道的,认识的(敬语)

　ⓒ 'ㅂ'으로 시작하는 어미　　: 알- + -ㅂ니다 → 아- + -ㅂ니다 → **압니다**

　　　　ⓒ 以'ㅂ'开始的词尾。　　知道,认识

㉡ 그 외의 경우는 변화가 없다

　㉡ 词干跟上面以外的词尾连接的话,没有变化。: 알- + -고 → **알고** 知道后

　　　　　　　　　　　　　　　　　　　　　 알- + -면 → **알면** 知道的话

　　　　　　　　　　　　　　　　　　　　 알- + -아서→ **알아서** 因为知道

- 살다 : **살- + -다** - 住	
살- + -는 → **사**- + -는 → **사는** 살- + -시는 → **사**- + -시는 → **사시는** 살- + -ㅂ니다 → **사**- + -ㅂ니다 → **삽니다** 살- + -고→ **살고** 살- + -면→ **살면**	住的 住的(敬语) 在住 住-然后 住的话
- 울다 : **울- + -다** - 哭	
울- + -는→ **우**- + - 는 → **우는** 울- + -시는 → **우**- + -시는 → **우시는** 울- + -ㅂ니다 → **우**- + -ㅂ니다 → **웁니다** 울- + -고 → **울고** 울- + **어서 → 울어서**	哭的 哭的(敬语) 在哭 哭-然后 因为哭

㉢ 'ㄹ' 불규칙 동사 예문

　㉢ 'ㄹ'的不规则动词例句。

① 여기, 답을 아는 사람 있나요? : 알- + -는 → 아- + -는 → 아는

　① 这儿有知道答案的人吗?

② 답을 아시면 손드세요. : 알- + -시면→ 아- + -시면 → 아시면

　② 知道答案的话,请举手。

③ 비밀입니다. **알려고** 하지 마세요. : 알- + -려고→ **알려고**

　③ 这是秘密,别试着想知道。

④ 상처가 아무는 중입니다. : 아물- + -는 → **아무**- + -는 → 아무는

　　④ 伤口正在愈合。

⑤ 저 집에 사는 사람은 누구입니까? : 살- + -는 → **사**- + -는 → 사는

　　⑤ 在那个房子里住的人是谁呀？

⑥ 어린 아이는 자주 웁니다. : 울- + -ㅂ니다 → **우**- + -ㅂ니다 → 웁니다

　　⑥ 小孩子常常哭。

⑦ 물건을 파는 사람이 많다. : 팔- + -는 → **파**- + -는 → 파는

　　⑦ 卖东西的人很多。

⑧ 더 **머물고** 싶지만 가야 합니다. : 머물- + -고 → **머물고**

　　⑧ 我想多停留一段时间，可是不得不走。

⑨ 답을 확실히 알고 써야 합니다. : 알- + -고 → **알고**

　　⑨ 知道准确答案之后，再写答案吧。

⑩ 칼은 조심해서 **갈아야** 합니다. : 갈- + -아야 → **갈아야**

　　⑩ 磨刀一定要小心。

01 다음에서 어간이 변하는 불규칙 활용 동사를 모두 고르시오.

　　请选出下面动词中,所有的**词干不规则的动词。**

　　① 푸다　　　　　　　　② 두다

　　③ 알다　　　　　　　　④ 살다

02 다음 중 어미 변화에 따른 동사 활용이 잘못된 것은 어느 것인가?

　　下面动词中,哪个动词词尾变化**是错的?**

　　① 푸다 – 퍼면　　　　　② 푸다 – 푸는

　　③ 살다 – 살면　　　　　④ 살다 – 사는

03 다음 중 어미 변화에 따른 동사 활용이 잘못된 것은 어느 것인가?

　　下面动词中,哪个动词词尾变化**是错的?**

　　① 두다 – 두려고　　　　② 두다 – 두어서

　　③ 울다 – 웁니다　　　　④ 울다 – 울는

04 다음 문장의 밑줄친 부분 중 동사 활용이 잘못된 것은 어느 것인가?

　　下面句子中划线部分,哪个动词变化**是错的?**

　　① 철수는 집을 팔려고 생각하고 있다.

　　　　① [哲洙]打算卖房子。

　　② 우리 집에 며칠 더 머무고 가세요.

　　　　② 请在我家多呆几天吧。

　　③ 밥이 다 되었으니 어서 퍼서 먹읍시다.

　　　　③ 饭做好了,快盛饭吃吧。

　　④ 여행을 갈 때는 목적지를 잘 알고 가는 것이 좋다.

　　　　④ 去旅行时,先了解好目的地,然后再出发是最好的。

05 괄호 안에 들어 가 있는 동사의 올바른 동사 활용은 어느 것인가?

下面括号里,哪个动词变化**是正确的**?

> 예문 : 아이가 왜 (㉠ 울다) 하는지 (㉡ 알다) 사람이 없다.
>
> 没有人 (㉡ 知道) 孩子为什么 (㉠ 要哭)。

① ㉠ 울려고 – ㉡ 알은　　　　② ㉠ 우려고 – ㉡ 알은

③ ㉠ 울려고 – ㉡ 아는　　　　④ ㉠ 우려고 – ㉡ 아는

06 괄호 안에 들어 가 있는 동사의 올바른 동사 활용은 어느 것인가?

下面括号里,哪个动词变化**是正错的**?

> 예문 : 문제를 잘 (㉠ 듣다) 답을 (㉡ 알다) 되어서, 답을 잘 (㉢ 쓰다).
>
> 因为 (㉠ 听到)问题 (㉡ 知道)了答案,所以 (㉢ 写)好答案。

① ㉠ 듣으니　㉡ 알게　㉢ 썼다

② ㉠ 들으니　㉡ 알게　㉢ 썼다

③ ㉠ 들으니　㉡ 아게　㉢ 쓰다

④ ㉠ 들으니　㉡ 아게　㉢ 썼다

🌸 정답(答案)

01　①, ③, ④ : ① '푸다'는 'ㅜ' 불규칙 동사,　③ '알다'와　④ '살다'는 'ㄹ' 불규칙 동사.

　　　　① '푸다'是'ㅜ'的不规则动词,　③ '알다'和　④ '살다'是'ㄹ'的不规则动词.

02　① : ①, ② '푸다'는 'ㅜ' 불규칙 동사로 자음이나 '으' 어미를 만나면 변화가 없지만,

　　　　'으' 이외의 모음을 만나면 'ㅜ'가 탈락한다.

　　　　①, ② '푸다' 是 'ㅜ' 的不规则动词,词干以'ㅜ'结束的部分动词跟子音连接时,

　　　　　　或跟'으'母音连接时,词干都不变化.

　　　　　　但跟'으'以外的母音连接时,要省略最后一个词干'ㅜ'.

　　　　　　　　① '푸– + – (으)면' → '푸면'.

　　　　　　　　② '푸– + – 는' → '푸는'

　　　: ③, ④ '살다' 는 'ㄹ' 불규칙 동사로 'ㄴ', 'ㅅ', 'ㅂ' 을 만나면 'ㄹ'이 탈락하고,

　　　　　그 외의 경우는 변화가 없다.

　　　　③, ④ '살다' 是 'ㄹ'的不规则动词,它跟'ㄴ', 'ㅅ', 'ㅂ'的词尾连接时,

　　　　　　要省略最后一个词干'ㄹ'. 但跟前面以外的词尾连接时,没有变化.

③ '살-+-면' → '살면'.

④ '살-+-는' → '사-+-는' → '사는'

03 ④ : ①, ② '두다'는 'ㅜ' 규칙 동사로 어떠한 어미가 오더라도 변화가 없다.

: ①, ② '두다'는 'ㅜ' 规则动词, 词干跟任何词尾连接时, 词干都不变化。

① '두-+-(으)려고' → '두려고'

② '두-+-어서' → '두어서'

③, ④ '울다'는 'ㄹ' 불규칙 동사로 'ㄴ', 'ㅅ', 'ㅂ'을 만나면 'ㄹ'이 탈락하고,

그 외의 경우는 변화가 없다.

③, ④ '울다'是 'ㄹ'的不规则动词, 它跟 'ㄴ', 'ㅅ', 'ㅂ'的词尾连接时,

要省略最后一个词干'ㄹ'。跟上面以外的词尾连接时, 没有变化。

③ '울-+-ㅂ니다' → '우-+-ㅂ니다' → '웁니다'

④ '울-+-는' → '우-+-는' → '우는'

04 ② : ① '팔다', ② '머물다', ④ '알다'는 'ㄹ' 불규칙 동사로

'ㄴ', 'ㅅ', 'ㅂ' 이외의 어미를 만나면 변화가 없다.

: ① '팔다', ② '머물다', ④ '알다'는 'ㄹ'的不规则动词,

它跟 'ㄴ', 'ㅅ', 'ㅂ' 以外的词尾连接时, 没有变化。

① '팔-+-려고' → '팔려고'

② '머물-+-고' → '머물고'

④ '알-+-고' → '알고'

③ '푸다'는 'ㅜ' 불규칙 동사로 '으' 이외의 모음을 만나면 'ㅜ'가 탈락한다.

③ '푸다'는'ㅜ'的不规则动词, 词干跟'으'以外的母音连接时, 要省略最后词干'ㅜ'。

③ '푸-+-어서' → 'ㅍ-+-어서' → '퍼서'

05 ③ : '울다'와 '알다'는 'ㄹ' 불규칙 동사로 'ㄴ', 'ㅅ', 'ㅂ'을 만나면 'ㄹ'이 탈락하고,

그 외의 경우는 변화가 없다.

: '울다'和'알다' 는 'ㄹ'的 不规则动词, 跟'ㄴ', 'ㅅ', 'ㅂ'以外的词尾连接时,

没有变化。

㉠ '울-+-려고' → '울려고'

㉡ '알-+-는' → '아-+-는' → '아는'

06 ② : ㉠ '듣다'는 'ㄷ' 불규칙 동사이다.

: ㉠ '듣다'는 'ㄷ' 的不规则动词,

㉠ '듣-+-(으)니' → '들-+-으니' → '들으니'

㉡ '알다'는 'ㄹ' 불규칙 동사이다.

㉡ '알다' 는 'ㄹ' 的不规则动词,

㉡ '알-+-게' → '알게'

㉢ '쓰다'는 '─' 불규칙 동사이다.

㉢ '쓰다' 는 '─' 的不规则动词,

㉢'쓰-+-었다' → 'ㅆ-+-었다' → '썼다'

🐼 어미 불규칙 동사
词尾-不规则的动词

- 일부 동사는 어간은 변하지 않으나 후행하는 어미에 따라 어미가 불규칙하게 변한다.

  - 部分动词词干不变化,但是根据后面词尾,进行词尾不规则地变化。

- 특히 모음으로 시작하는 어미 앞에서 불규칙 변화를 한다.(2가지)

  - 特别是以母音开始的词尾,词尾有不规则变化。(2种)

(1) '하다' 동사의 불규칙 활용

 (1) '-하다' 动词的不规则变化。

 '하다'를 포함하여 '-하다'로 끝나는 동사는 '-으' 이외의 모음을 만나면

 '하여' 또는 '해'로 바뀐다.

  包括动词'하다'以'-하다'结束的动词,跟'-으'以外的母音连接的话,词尾变到'하여'或'해'。

- 동사(动词) : 하다(做), 일하다(工作), 원하다(愿意), 공부하다(学习), 생각하다(思考)

(ㄱ) 어미	1그룹(+ **자음**)	어미 변화없음
	2그룹(+ '**으**'모음)	어미 변화없음
	3그룹(+ '**으**' 외 모음)	어미 '**하여**', '**해**'로 변화
(ㄱ) 词尾	第1组(+ 子音)	词尾不变
	第2组(+ '으'母音)	词尾不变
	第3组(+ 除了'으' 以外的母音)	**词尾变到 '하여'或'해'**

- 하다 : 하 + - 다 - 做	
하 + 자음 **+ 子音** 하 + '**으**' 모음 **+ '으' 母音** 하 + '**으**' 이외 모음 **+ 除了'으' 以外的母音**	하고, 하게, 하지 做-之后,让做.(没/不)做 하면, 하려고 做的话,为了做- **해서#¹, 하였다 / 했다#²** :因为做-,虽然做- 可是

#1 하 + -아서 → 해서
#2 하 + -았다 → 하였다 / 했다

(ㄴ) '하다' 불규칙 활용 동사 예문

　(ㄴ) '하다' 不规则动词例句。

　① 철수는 공부를 잘 **하고** 있다.

　　① [哲洙]学习很好。　　　　　　　　　**하ー** ＋ **ー고** → **하고**

　② 철수는 **공부하는** 동안 전혀 움직이지 않는다.

　　② [哲洙]学习时,动也不动,很集中。　**공부하ー** ＋ **ー는** → **공부하는**

　③ 그래도 **노력하면** 성공할 수 있습니다.

　　③ 努力的话,还是会成功的。　　　　**노력하ー** ＋ **ー(으)면** → **노력하면**

　④ 열심히 **하려고** 하는 자세가 중요합니다.

　　④ 努力的态度是重要的。　　　　　　하ー ＋ ー(으)려고 → **하려고**

　⑤ 열심히 **공부해서** 성공하였습니다.

　　⑤ 因为努力地学习,所以成功了。　　공부하ー ＋ ー아서→ **공부해서**

　⑥ 열심히 **공부해도** 성적이 안 오른다.

　　⑥ 虽然努力地学习了,可是成绩却没提高。공부하ー ＋ ー아도→ **공부해도**

(2) '러' 불규칙 동사.

　(2) '러' 不规则动词。

－ '르'로 끝나는 일부 동사는 '으' 이외의 모음을 만나면 어미에 'ㄹ'이 추가된다.

　－ 以'르'结束的部分动词跟'으' 以外的母音连接时,添加'ㄹ'。

동사(动词) : 이르다(到, 到达) 等

(ㄱ) 어미　　1그룹(＋ **자음**)　　　　　어미 변화없음

　　　　　　 2그룹(＋ '**으**'모음)　　　　어미 변화없음

　　　　　　 3그룹(＋ '**으**' 외 모음)　　 어미 앞에 'ㄹ' 추가

　(ㄱ) 词尾　　第1组(＋ **子音**)　　　　　　词尾不变

　　　　　　　 第2组(＋ '**으**'母音)　　　　　词尾不变

　　　　　　　 第3组(＋ 除了'**으**' 以外的母音)　在词尾前面添加 'ㄹ'。

이르다 이르– + –다 到	
이르– + **자음** + **子音** 이르– + **'으' 모음** + **'으' 母音** 이르– + **'으' 이외 모음** + **除了'으' 以外的母音**	이르**고**, 이르**니** 先到–再, 到–后 이르**면**, 이르**려고** 到的话, 为了到– 이르**러**#¹, 이르**러서**, 이르**렀다** 到后, 因为到– 到了

#¹ 이르– + –어 → 이르– + –ㄹ– + –어 → 이르러

(ㄴ) '러' 불규칙 예문

  (ㄴ) '러' 不规则例句

① 도착지에 **이르니** 마음이 들뜨기 시작했다.

  ① 到达目的地, 我开始感到兴奋。   **이르– + –니 → 이르니**

② 결국은 파경에 **이르고** 말았다.

  ② 结局到了破镜之势。   **이르– + –고 → 이르고**

③ 도착지에 이르면 전화하여라.

  ③ 到达的话, 来个电话吧。   **이르– + –(으)면 → 이르면**

④ 도착지에 **이르러서** 승객들이 일어났다.

  ④ 到终点时, 乘客都站了起来

        이르– + –어서 → 이르– + –ㄹ– + –어서 → 이르러서

⑤ 도착지에 **이르렀을** 때 비가 오기 시작했다.

  ⑤ 到终点时, 雨下了起来

        이르– + –었을 → 이르– + –ㄹ– + –었을 → 이르렀을

🐼 기타(어간과 어미) – 불규칙

  其他(词干和词尾)–不规则。

기타 불규칙에는 '거라' 불규칙과 '너라' 불규칙이 있다

  其他不规则有2种, '거라' 不规则和 '너라' 不规则。

(1) '거라' 불규칙 동사

  (1) '거라' 不规则动词

(ㄱ) '가다, 들어가다, 자다, 먹다, 일어나다 등'의 동사는 규칙 활용 동사이면서
　　'거라' 불규칙 동사로 보통 명령형에서는 '어간 + − 아라 / 어라'와 함께
　　'어간 + −거라' 표현도 사용한다.

　　(ㄱ) 动词 '가다(走,去), 들어가다(进去), 자다(睡觉), 먹다(吃), 일어나다(起床) 等'
　　　　是规则动词,同时是 '거라' 的不规则动词。
　　　　口语命令句常用 '어간 + − 아라 / 어라'和'어간 + − 거라'。

　　가 −　　　+ − 아라, − 거라　→ **가라, 가거라**
　　　　　　　　　　　　　　　　　睡觉吧

　　일어나 − + − 아라, − 거라　→ **일어나라, 일어나거라**
　　　　　　　　　　　　　　　　　起床吧

　　먹 −　　　+ − 어라, − 거라　→ **먹어라, 먹거라**
　　　　　　　　　　　　　　　　吃吧

(ㄴ) '하다' 동사도 명령형으로 '하거라' 표현을 사용한다.

　　(ㄴ) '하다' 动词, 用于口语命令句, 常用'하거라'。

　　하 −　　　+ − 아라, − 거라　→ **하여라, 하거라**
　　　　　　　　　　　　　　　　做吧

(ㄷ) '거라' 불규칙 예문

　　(ㄷ) '거라' 的不规则动词例句。

① 먼길인데 아침 식사하고 **가거라**.(가라)

　　① 路程极远,先吃早饭,再走吧。

② 피곤할 테니 얼른 **자거라**.(자라)

　　② 我觉得你一定很累,快睡觉吧。

③ 해가 벌써 중천이다. 어서 **일어나거라**.(일어나라)

　　③ 太阳已经日出三竿,快起床吧。

④ 시간이 많으니 천천히 **먹거라**.(먹어라)

　　④ 还有时间,慢慢地吃吧。

⑤ 숙제를 빨리 **하거라**.(하여라) #1

　　⑤ 快做作业吧。

　　　　　　　　　　#1 '하− + −어라' → '하여라'

⑵ '너라' 불규칙

    ⑵ '너라' 不规则

      ㈀ '오다', '들어오다' 등 '오다'로 끝나는 동사의 보통 명령형은
        '어간 + − 아라 / 어라'와 '어간 + − 너라' 표현을 많이 사용한다.

        ㈀ 类似动词'오다(来)', '들어오다(进来)'等，以'−오다'结束的动词
          口语命令句常用 '어간 + − 아라 / 어라' 和 '어간 + − 너라'。

         오−   + − 아라, − 너라 → **와라**[#2], **오너라**
                                             (来吧)

         들어오−   + − 아라, − 너라 → **들어와라**, **들어오너라**
                                           (进来吧)

                            [#2] '오− + − 아라' → '와라' (모음축약), (母音合并)

      ㈁ '너라' 불규칙 예문

        ㈁ '너라' 不规则例句。

① 해가 곧 질 듯하니 어서 갔다 오너라.

    ① 天马上要黑了,快去快回吧。

② 신발을 벗고 들어오너라.

    ② 脱鞋后进来吧。

01 다음에서 어미가 변하는 불규칙 활용 동사를 모두 고르시오.

　　请选出下面动词中,所有的词尾**不规则动词**。

① 원하다　　　　　　　　② 이르다(到)

③ 씹다　　　　　　　　　④ 푸다

02 다음 중 어미 변화에 따른 동사 활용이 잘못된 것은 어느 것인가?

　　下面动词中,哪个动词词尾变化**是错的?**

① 하다 – 해면　　　　　　② 하다 – 해서

③ 이르다(到) – 이르면　　　④ 이르다(到) – 이르러서

03 다음 중 어미 변화에 따른 동사 활용이 잘못된 것은 어느 것인가?

　　下面动词中,哪个动词词尾变化**是错的?**

① 원하다 – 원해도　　　　② 가다 – 가거라

③ 오다 – 오너라　　　　　④ 먹다 – 먹너라

04 다음 문장의 밑줄친 부분 중 동사 활용이 잘못된 것은 어느 것인가?

　　下面句中划线部分,哪个动词变化**是错的?**

① 열심히 노력하면 성공할 수 있습니다.

　　① 只要努力就能成功。

② 도착지에 이르러니 밤이 되었다.

　　② 到了目的地已是晚上了。

③ 밤이 늦었다. 어서 자거라.

　　③ 已经很晚了,快睡觉吧。

④ 학교 갈 시간이다. 어서 일어나거라.

　　④ 到上学的时间了,快起床吧。

05 다음 예문의 (   ) 안에 들어갈 동사의 올바른 활용은 어느 것인가?

下面例句的括号里,哪个动词变化**是正错的？**

예문 : 열심히 공부 (㉠ 하다) 성적이 (㉡ 오르다) 않는다 하지 말고 열심히 공부 (㉢ 하다).

别说'努力 (㉠ 学习)了 成绩却没 (㉡ 提高)'还是努力 (㉢ 学习吧)。

	㉠	㉡	㉢
①	하도	오르지	하너라
②	해도	올르지	하너라
③	해도	오르지	하거라
④	하도	올르지	하거라

🪭 정답(答案)

01 ①, ② : ① '원하다'는 '하다' 불규칙 동사이다.
   : ① '원하다'(意愿)是'하다'的不规则动词。
   ② '이르다' 는 '러' 불규칙 동사이다.
   ② '이르다'(到)是'러'的不规则动词。
   ③ '씹다'는 'ㅂ' 규칙 동사이다.
   ③ '씹다'(咀嚼)是'ㅂ'的规则动词。
   ④ '푸다'는 'ㅜ' 불규칙 동사이나 어간 불규칙 동사이다.
   ④ '푸다'(盛)是'ㅜ'的不规则动词,**是词干不规则**动词。

02 ① : ①, ② '하다'는 '하다' 불규칙 동사로 자음이나 '으' 어미를 만나면 변화가 없지만
   '으' 이외의 모음을 만나면 어미가 불규칙하게 변한다.
   : ① ② '하다'是'하다'的不规则动词,它跟子音或'으'母音连接时没有变化,
   可是跟'으'以外的母音连接的话,词尾要不规则地变化。
   ① '하ㅡ + ㅡ(으)면 → '하면'
   ② '하ㅡ + ㅡ아서 → '하여서 / 해서'
   ③, ④ '이르다'는 '러' 불규칙 동사로 자음이나 '으' 어미를 만나면 변화가 없지만
   '으' 이외의 모음을 만나면 어미에 'ㄹ'이 추가된다.
   ③, ④ '이르다'是'러'的不规则动词,它跟子音或'으'母音连接时,没有变化,
   可是跟 '으' 以外的母音连接的话,在词尾的前面要添加'ㄹ'。

03 ④ : ④ '먹다'는 구어체 명령형 표현은 '먹어라' 또는 '먹거라'이다.
   : ④ '먹다'(吃) 的口语命令句是 '먹어라'或 '먹거라'。

162

04 ㉣ : ㉣ '이르다'는 '러' 불규칙 동사로 자음이나 '으' 어미를 만나면 변화가 없다.

    : ㉣ '이르다'(到)是'러'的不规则动词,它跟子音或者'으'母音连接时,没有变化。

    ㉣ 이르－＋－니 → '이르니'

05 ③ : ㉠ '하다'는 '하다' 불규칙 동사로 자음이나 '으' 이외의 모음을 만나면 어미가
        불규칙하게 변한다.

    : ㉠ '하다'(做)是'하다'的不规则动词,它跟'으'以外的母音连接的话,
        词尾要不规则地变化。

    ㉠ '하－＋－아도' → '하여도 / 해도'

㉡ '오르다'는 '르' 불규칙 동사로 자음이나 '으' 어미를 만나면 변화가 없다.

    ㉡ '오르다'(登)是'르'的不规则动词,它跟子音或者'으'母音连接时没有变化。

    ㉡ 오르－＋－지 → **'오르지'**

㉢ '하다' 동사는 명령형으로 '하거라'도 사용한다.

    ㉢ 动词'하다'(做)在命令句中, 可以用为'하거라'(做吧)。

⑧ 뒤바뀐 동사
　　順序顛倒的韩语动词

한국어와 중국어 중 전체 의미는 같으나 앞뒤 음절이나 의미가 바뀌어 있는 동사가 있다.
　跟中文的动词意思差不多,只是顺序颠倒的韩语动词。

한국어 (한국 한자) – 중국어 (간체자)
　韩语动词(韩国汉字) – 中文(简体字)

1) 논쟁하다(論爭하다) – 争论　　　　　2) 단축하다(短縮하다) – 缩短

3) 대체하다(代替하다) – 替代, 代替　#1

4) 분규하다(紛糾하다) – 纠纷　　　　　5) 소개하다(紹介하다) – 介绍

6) 실토하다(實吐하다) – 吐实　　　　　7) 위안하다(慰安하다) – 安慰

8) 제한하다(制限하다) – 限制　　　　　9) 침입하다(侵入하다) – 入侵

10) 획책하다(劃策하다) – 策划, 划策　#2

　　#1 중국에서는 替代 외에 代替도 있지만
　　　한국어에서는 '대체하다(代替하다)' 한 가지를 사용한다.
　　　　#1 中国有'替代'和'代替',但在韩国只有'대체하다(代替하다)'。
　　#2 중국에서는 策划 외에 划策도 혼용하고 있지만
　　　한국어에서는 '획책하다(劃策하다)' 한 가지를 사용한다.
　　　　#2 中国有'策划'和'划策',但在韩国只有'획책하다(劃策하다)'。

제9장

형용사 形容词

 형용사의 특징 形容词的特点

(ㄱ) 사람이나 사물의 성질, 상태를 표현하는 품사이다.

　(ㄱ) 表示人或事物的性质和状态的词类。

(ㄴ) 문장 내에서 서술어 역할을 한다.

　(ㄴ) 在句子中起谓语的作用。

(ㄷ) 형용사도 동사와 같이 어간과 어미로 나뉘어진다.

　(ㄷ) 形容词也跟动词一样, 分为词干和词尾。

(ㄹ) 문장 내에서 형용사가 활용을 할 때

　　변하지 않는 부분이 '어간' 이고, 변하는 부분이 '어미'이다.

　(ㄹ) 形容词变化很小的部分是词干, 变化很大的部分是词尾。

(ㅁ) 문장은 나열, 병렬, 전개, 대조, 인과, 가정, 조건, 양보 등의

　　내용을 갖게 되는데, 형용사 어미는 이에 맞는 어미 변화를 한다.

　(ㅁ) 句子会有多种多样的意思(例如 : 罗列, 并列, 展开, 对照, 因果, 假定, 条件, 让步

　　　等)。根据句子的多种多样的意思, 词尾会跟着变化。

(ㅂ) 시제에 따라서도 어미 변화를 한다.

　(ㅂ) 根据句子的时态, 词尾会变化。

(ㅅ) 의문문, 부정문 등에 따라서도 어미가 변화한다.

　(ㅅ) 根据句子的类型(例如 : 疑问句, 否定句等)词尾也将会变化。

(# 참고 : 제2권 문장)

(# 参考 : 第2卷 句子)

- 형용사 어미 활용의 예

  - 形容词词尾变化例句

예를 들어 '예쁘다'라는 형용사는 '예쁘 –' 어간과 '– 다' 어미로 구성되는데,

'문장 내에서 어떤 의미를 갖느냐'와 '어떤 종결 형태를 갖느냐'에 따라 어미 변화를 한다.

　例如,形容词'예쁘다'(漂亮)的构成,词干是'예쁘 –'和词尾是'– 다',

　根据句子的意思及句子结束的形式,将会有不同的变化。

① 영희는 예쁘다.　　　　　　　　　예쁘 –(어간)+ – 다(어미)　　　: 기본형

　① [英喜]很漂亮。　　　　　　　　　예쁘 –(词干)+ – 다(词尾)　　: 基本形

② 영희는 예쁘고 마음씨도 곱다.　예쁘 –　　　+ – 고　　　　　: 나열

　② [英喜]漂亮而且心地也很善良。　　　　　　　　　　　　　　　: 罗列

③ 영희는 예쁘면서 공부도 잘한다.　예쁘 –　　　+ – 면서　　　: 병렬

　③ [英喜]不仅漂亮,而且学习也很好。　　　　　　　　　　　　: 并列

④ 영희가 예쁘거나 밉거나 관심없다.　예쁘 –　　　+ – 거나　　: 선택

　④ [英喜]漂亮不漂亮,我对她不感兴趣。　　　　　　　　　　　: 选择

⑤ 영희는 예뻤다.　#1　　　　　　　　예쁘 –　　　+ – 었다　　　: 과거형

　⑤ [英喜]很漂亮。　　　　　　　　　　　　　　　　　　　　　　: 过去时

#1 '예쁘다'는 'ㅡ' 불규칙 형용사 (# 참고 'ㅡ' 불규칙 형용사)

#1 '예쁘다'是 'ㅡ' 的不规则形容词。(# 参考 'ㅡ' 不规则形容词)

⑥ 영희는 예쁘니?　　　　　　　　　예쁘 –　　　+ – 니?　　　: 의문형

　⑥ [英喜]漂亮吗?　　　　　　　　　　　　　　　　　　　　　　: 疑问句

⑦ 영희는 예쁘려고 화장을 했다.(×) #2　예쁘 –　　　+ – 려고　　: 목적

　⑦ [英喜]为了漂亮而化妆。　　　　　　　　　　　　　　　　　: 目的

#2 잘못된 문장: 목적 연결 어미 '– (으)려고'는 행위의 목적을 표현하는 것으로 동사에만
　　　　　　　 연결되고 형용사에는 연결되지 않는다.

#2 错的句子 : 目的连接词尾 '– (으)려고'原来表行为目的,所以只跟动词连接,不跟形容词连接。

목적의 의미를 가지려면 동사 '예뻐지다(예쁘 – + – 어지다)'를 활용.

예뻐지 – + – (으)려고 → '예뻐지려고'로 표현하는 것이 옳다.

为了达到目的,用动词'예뻐지다(예쁘– + –어지다)',

예뻐지– + (–으)려고 → '**예뻐지려고**' 是正确的。

⑧ **영희는 예쁘다.** (×) #3   예쁘– + –ㄴ다   : 현재형

　　⑧ [英喜]很漂亮。   : 现在时

　#3 잘못된 문장 : 현재형 종결 어미 '–ㄴ다', '– 는다'는 동사의 어간 뒤에만 연결되고 형용사에는
　　　　　　　　연결되지 않는다.
　　#3 错的句子 : **结束词尾的现在时是'–ㄴ다', '– 는다',它只跟动词连接,不能跟形容词连接。**

　　형용사의 현재형 종결 어미는 '– 다'로 기본형 '예쁘다'와 같다.

　　　形容词结束词尾的现在时是'– 다',它跟基本形'예쁘다'一样。

⑨ **영희는 예뻐라.** (×) #4   예쁘– + –어라   : 명령형

　　⑨ [英喜]漂亮吧。   : 命令句

　#4 잘못된 문장 : 명령형 '– 아라 / 어라'과 청유형 '– 자'는 행위의 의미를 가지고 있으므로
　　　　　　　　동사에만 연결되고 형용사에는 연결되지 않는다.
　　#4 错的句子 : **命令句的结束词尾'– 아라 / 어라'和劝导句的结束词尾'–자',**
　　　　　　　　都含有行为的意思。所以只跟动词连接,不能跟形容词连接。

 # 형용사의 종류 形容词的种类

성상 형용사와 지시 형용사
性状形容词和指示形容词

⑴ 성상 형용사는 주어의 성질이나 상태를 나타내는 형용사이다.

　⑴ 性状形容词是表达主语性质和状态的形容词。

　　예쁘다(漂亮), 밉다(讨厌), 아름답다(美丽), 추하다(丑,丑陋), 고요하다(宁静),

　　시끄럽다(吵), 달다(甜), 쓰다(苦), 춥다(冷), 덥다(热), 높다(高), 낮다(低),

　　넓다(宽), 좁다(窄), 깊다(深), 얕다(浅), 빨갛다(红), 노랗다(黄) 等。

⑵ 지시 형용사는 성질이나 상태가 아닌 지시성을 갖는 형용사이다.

　⑵ 指示形容词不是表示性质和状态,而是表示指示的形容词。

- 이러하다(이렇다) : 성질, 상태 등이 이와 같다.
  - 这样 : 性质,状态等就是这样。
- 그러하다(그렇다) : 성질, 상태 등이 그와 같다.
  - 那样 : 性质,状态等就是那样。
- 저러하다(저렇다) : 성질, 상태 등이 저와 같다.
  - 那样 : 性质,状态等就是那样。
- 어떠하다(어떻다) : 성질, 상태 등이 어찌 되어 있다.
  - 怎么样 : 性质,状态等是怎么怎么样的。
- 아무러하다(아무렇다) : 성질, 상태 등이 정해져 있지 않다.
  - 不管怎样 / 无论如何 : 性质,状态等是不定的样子。

🐼 본형용사와 보조 형용사

㈀ 형용사도 용언(동사 / 형용사) 뒤에서 그 의미를 더해 주거나
  문법적 기능을 하는 형용사가 있는데 이를 보조 형용사라 한다.
  ㈀ 形容词也会附在谓词(动词,形容词)后面,起着辅助说明
    或者起着语法的作用,这称为辅助形容词。

  이 경우 앞 용언은 본용언, 뒤의 형용사는 보조 형용사가 된다.
    前面的谓词称叫本谓词,后面的形容词是补助形容词。

㈁ 본용언은 전체적으로 행위 또는 성상의 의미를 갖으며,
  보조 형용사는 본용언의 의미를 보완해 주고 어미 변화를 한다.
  ㈁ 本谓词保有原来基本的意思,辅助形容词起着补充本谓词的作用,
    而且辅助形容词的词尾要有变化。

㈂ 부정문, 의문문 등 문장의 내용에 따라 보조 형용사는 어미 변화로 그 내용을
  표현한다.
  ㈂ 根据句式(例如否定句,疑问句等)辅助形容词词尾将会有变化。

㈃ 보조 형용사와 함께 사용되는 본용언의 연결 어미는
  '- 아 / 어, -게, -고, -지' 로 나타난다.
  ㈃ 为了本谓词跟辅助形容词连接,本谓词的词尾要变到
    '- 아 / 어, -게, -고, -지'。

(ㅁ) '본 용언의 연결 어미 + 보조 형용사' 형태로 여러 의미를 나타낸다.

(ㅁ) '本动词的连结词尾 + 辅助形容词'能表达各种各样的意思。

본용언 연결 어미 + 보조 형용사

本谓词的 连结词尾 + 辅助形容词

– 고 싶다	: 희망
想做 –	: 意愿
– **지 않다** **– 지 못하다**	: 부정
不(形容词)	: 否定
– **아/어지다** #¹	: 변화
变成了–	: 变化
– **아/어 죽(겠)다** #²	: 정도가 심함
– 死了, – 极了。	: 表示程度严重

#¹ '– 아 / 어 + 지다' → '– 아 / 어지다' 로 관습적으로 붙여 씀.

#¹ '– 아 / 어 + 지다' → '– 아 / 어지다' 要连着写。

#² 정도나 상태가 심하다는 표현으로 좋지 않은 표현이 많다.

#² 表示程度和状态有点儿严重,主要用于不太好的情况。

예 (例句)

– 마음이 편안하다	마음이 편안하**고 싶다**	: 희망
心里很舒服	希望心里舒服	: 希望
	마음이 편안하**지 못하다**	: 부정
	心里不舒服	: 否定
	마음이 편안**해지다** #³	: 변화.
	心里变得很舒服	: 变化

#³ 편안하 – + – 어지다 → 편안해지다 ('하다' 불규칙)

#³ 편안하 – + – 어지다 → 편안해지다 ('하다'的不规则)

– 날씨가 춥다	날씨가 춥**지 않**다	: 부정
天气很冷	天气不冷	: 否定
	날씨가 추**워지**다 #4	: 변화
	天气变冷了	: 变化

#4 춥 – + – 어지다 → 추우 – + – 어지다 → 추워지다 ('ㅂ'불규칙)
#4 춥 – + – 어지다 → 추우 – + – 어지다 → 추워지다 ('ㅂ'不规则)

– 배가 고프다	배가 고프**지 않**다	: 부정
– 饿	不饿	: 否定
	배가 고**파** #5 죽겠다	: 심화
	饿死了	: 饿的程度

#5 고프 – + – 아 → 고ㅍ – + – 아 → 고파 ('ㅡ' 불규칙)
#5 고프 – + – 아 → 고ㅍ – + – 아 → 고파 ('ㅡ'的不规则)

– 출장을 가다	출장을 가**고 싶**다	: 희망
– 去出差	想去出差	: 希望
– 중국 음식을 먹다	중국 음식을 먹**고 싶**다	: 희망
– 吃中国菜	想吃中国菜	: 意愿

아름답다 漂亮

01 다음 중 형용사가 아닌 것은 어느 것인가?

下面的生词中,哪个**不是形容词**？

① 빨갛다   ② 편안하다

③ 이렇다   ④ 일하다

02 다음 형용사 중 다른 세 개와 종류가 다른 형용사는 어느 것인가?

下面的形容词中,哪个是跟另外3个**不一样类型**的形容词？

① 저러하다   ② 고요하다

③ 깨끗하다   ④ 달다

03 다음 중 형용사의 활용으로 잘못된 것은 어느 것인가?

下面形容词的词尾变化中,哪个**是错的**？

① 예쁘다   ② 예쁘지 않다

③ 예쁜다   ④ 예쁘고

04 다음 중 형용사의 활용으로 잘못된 것은 어느 것인가?

下面形容词的词尾变化中,哪个**是错的**？

① 예쁘면서 마음도 곱다.   ② 날씨가 춥고 않다.
　① 漂亮而且心地也善良。   ② 天气不冷。

③ 마음이 편안하지 못하다.   ④ 편안하게 지내다.
　③ 心里不舒服。   ④ 过得很舒服。

🪭 정답(答案)

01 ④ : ④ '일하다'는 동사이다.
: ④ '일하다'(工作)是动词。

02 ① : ① '저러하다'는 <u>지시 형용사</u>이다.
: ① '저러하다'(那样)是指示形容词。
② '고요하다', ③ '깨끗하다', ④ '달다'는 성상 형용사에 속한다.
② '고요하다'(宁静), ③ '깨끗하다'(干净), ④ '달다'(甜)都是性状形容词。

03 ③ : ③ 형용사는 '어간 + −ㄴ다/는다' 활용을 하지 않는다.
예쁘− + ㄴ다/는다 → <u>'예쁜다' 표현은 없다.</u>
: ③ 形容词不使用 '词干 + −ㄴ다/는다'。
没有 '예쁘 + −ㄴ다/는다' → '예쁜다'这样的表达。

04 ② : ② '춥고 않다'(✗) → '춥− + −**지 않다**' (O)
① '∼**면서**'는 병렬 연결 어미이다.
① '∼**면서**' 是并列连接词尾。
③ '∼**지 못하다**'로 부정을 표현한다.
③ 用 '∼**지 못하다**' 表示否定。
④ '∼**게 지내다**'는 지내고 있는 상태를 표현한다.
④ '∼**게 지내다**' 表示'过得怎么样'。

덥다 熱

춥다 冷

규칙적인 형용사 활용 有规则的形容词变化

규칙 활용을 하는 형용사의 변화 규칙
规则形容词的变化规律

(ㄱ) 규칙 활용을 하는 형용사는 어간은 변하지 않고 어미만 변화한다.

　　(ㄱ) 规则形容词的词干不变,只是词尾要有规律性的变化。

　　어미를 3가지 그룹으로 나누어 형용사 변화 규칙을 설명하기로 한다.

　　　把词尾分三组形态,来说明规则形容词的变化规律。

1그룹 : 자음으로 시작하는 어미 ; 어간 + −게, −고, −는, −지 등
第1组 : 以子音开始的词尾 ; 词干 + **−게, −고, −는, −지** 等

2그룹 : '으' 로 시작하는 어미 ; 어간 + −(으)며, −(으)면, −(으)려고
第2组 : 以'으'开始的词尾 ; 词干 + −(으)며, −(으)면, −(으)려고

3그룹 : '으'외 모음으로 시작하는 어미 ; 어간 + −아서 / 어서, −았 / 었−
第3组 : 除了'으'以外的母音开始的词尾 ; 词干 + −아서/어서, −았 / 었−

(ㄴ) 2 그룹에서 '−(으)며, −(으)면, −(으)니'에서 '으' 유무는, 어간의 마지막 음절이
　　 자음으로 끝나느냐 모음으로 끝나느냐에 따라 결정된다. (동사 활용과 같다)

　　(ㄴ) 第2组中的词尾 '−(으)며, −(으)면, −(으)려고'

　　　　根据词干的最后一个音节是以子音还是母音结束,来判断用不用 '으'。(跟动词一样)

　　　(ㄱ) 어간 마지막 음절이 모음이면 '−며', '−면', '−니' 연결

　　　　(ㄱ) 如果词干的最后一个音节,以母音结束的话,要用 '−며', '−면', '−니'

　　　　　예 예쁘− + −다 → 예쁘며, 예쁘면, 예쁘니

　　　　　　 漂亮　　　　　漂亮而−,漂亮的话,漂亮所以～

　　　(ㄴ) 어간 마지막 음절이 자음이면 '−으며', '−으면', '−으니'

　　　　(ㄴ) 如果词干的最后一个音节,以子音结束的话,要用 '−으며', '−으면', '−으니'

　　　　　예 높− + −다 → 높으며, 높으면, 높으니

　　　　　　 高　　　　　 高而−,高的话,高所以～

(ㄷ) 3그룹에서 '−아서 / 어서', '−았 / 었−'은

　　(ㄷ) 第3组中的词尾 '−아서 / 어서', '−았 / 었−'

ㄱ 어간의 마지막 음절이 양성 모음이면 양성 모음인 '-아서', '-았-'이 연결

ㄱ 如果词干的最后一个母音是阳性,要用阳性 '-아서', '-았-'连接。

예 높 – + – 다 → 높아서, 높았다, 높았고

高　　　　　　因为高,　高,　　高而

ㄴ 어간 마지막 음절이 음성 / 중성 모음이면 음성 모음인 '-어서', '-었-'으로 연결

ㄴ 如果词干的最后母音是阴性或者是中性,要用阴性 '-어서', '었' 连接。

예 ~싶 – + – 다 → ~싶어서, ~싶었다, ~싶었고

想做–　　　　　　因为想做–,想做–,想做–而

🐼 규칙 활용 형용사의 예
规则形容词的例子

높다 : 높 – + –다 高	어간이 자음 'ㅍ'으로 끝남. 어간 마지막 모음이 'ㅗ' 양성 词干以子音'ㅍ'结束。词干最后一个母音是阳性母音'ㅗ'
높 – + 자음 　　+ 子音 높 – + '으' 모음 　　+ '으' 母音 높 – + '으' 외의 모음 　　+ 除了 '으' 以外的母音	높고, 높지, 높게 高而–, (不)高, (动词)得高 높으며, 높으면, 높으니 高而–, 高的话, 高所以~ 높아서, 높았다 因为高, 高
넓다 : 넓 – + –다 宽	어간이 자음 'ㄼ'으로 끝남. 어간 마지막 모음 'ㅓ' 음성 모음 词干以子音'ㄼ'结束。　词干最后一个母音是阴性母音'ㅓ'
넓 – + 자음 　　+ 子音 넓 – + '으' 모음 　　+ '으' 母音 넓 – + '으' 외의 모음 　　+ 除了 '으' 以外的母音	넓고, 넓지, 넓게 宽而–, (不)宽, (动词)得宽 넓으며, 넓으면, 넓으니 宽而–, 宽的话, 宽所以~ 넓어서, 넓었다 因为宽, 宽
늦다 : 늦 – + –다 晚	어간이 자음 'ㅈ'으로 끝남.　어간 마지막 모음 'ㅡ' 중성. 词干以子音'ㅈ'结束。词干最后一个母音是中性母音 'ㅡ'
늦 – + 자음 　　+ 子音 늦 – + '으' 모음 　　+ '으' 母音 늦 – + '으' 외의 모음 　　+ 除了 '으' 以外的母音	늦고, 늦지, 늦게 晚而–, (不)晚, (动词)得晚 늦으며, 늦으면, 늦으니 晚而–, 晚的话, 晚所以~ 늦어서, 늦었다 因为晚, 晚。

규칙 활용 형용사의 예문
　　規則形容词的例句

　　① 산이 너무 높으니 잠깐 쉬었다 가자.

　　　　① 因为山太高了,休息一会儿再走吧。　　높- + -(으)니 → 높으니

　　② 주차장이 좁아서 차를 주차하기가 힘들다.

　　　　② 停车场很窄,所以很难停车。　　　　좁- + -아서 → 좁아서

　　③ 주차장이 조금만 넓으면 좋겠습니다.

　　　　③ 停车场再宽一点儿就好了。　　　　넓- + -(으)면 → 넓으면

　　④ 회사에 늦어서 택시를 타고 출근하였다.

　　　　④ 因为去公司上班快迟到了,所以打车去上班的。　　늦- + -어서 → 늦어서

불규칙한 형용사 활용 不规则形容词的变化

> 형용사의 불규칙 활용은 크게 세 가지가 있다.
> 不规则形容词共分为3种。
> – 어간-불규칙, 어미-불규칙, 어간과 어미-불규칙이 있다.
> – 有词干-不规则变化,词尾-不规则变化,词干和词尾-不规则变化。

어간 불규칙 변화 (5) 词干-不规则变化 (5)	ㅅ, ㅂ, 르, ㅡ, ㄹ 불규칙 형용사 ㅅ, ㅂ, 르, ㅡ, ㄹ 的不规则形容词
어미 불규칙 변화 (2) 词尾-不规则变化 (2)	하다, 러 불규칙 형용사 하다, 러的不规则形容词
기타(어간과 어미) 불규칙 변화 (1) 其他(词干和词尾)-不规则变化 (1)	ㅎ 불규칙 동사 ㅎ的不规则形容词

어간 불규칙
词干-不规则变化

어간이 후행하는 어미에 따라 어간이 변한다.

　　根据词尾的形态,词干是有变化的。

특히 모음으로 시작하는 어미 앞에서 불규칙 변화를 한다.(5가지)

特别是以母音开始的词尾,词干有不规则变化。(5种)

(1) 'ㅅ' 불규칙 형용사

(1) 'ㅅ'的不规则形容词

어간이 'ㅅ'으로 끝나는 일부 형용사는 2, 3그룹 어미와 만나면 'ㅅ'이 탈락한다.

('ㅅ' 불규칙 동사와 같다)

词干以'ㅅ'结束的部分形容词,它跟第2, 3组的词尾连接时要省略'ㅅ'。

(跟 'ㅅ' 的不规则动词一样)

- 형용사(形容词) : 낫다(更好)

(ㄱ) 어미　　1그룹(+ **자음**)　　　　　　　　어간 변화없음

　　　　　　 2그룹(+ '으'모음)　　　　　　 어간 마지막 'ㅅ'탈락

　　　　　　 3그룹(+ '으' 외 모음)　　　　 **어간 마지막 'ㅅ'탈락**

(ㄱ) 词尾　　第1组(+ 子音)　　　　　　　 词干不变。

　　　　　　 第2组(+ '으'母音)　　　　　　 省略词干最后的'ㅅ'。

　　　　　　 第3组(+ 除了'으' 以外的母音)　　**省略词干最后的'ㅅ'。**

낫다 : 낫－ + －다　　 　더 好	어간이 자음 'ㅅ'으로 끝남. 어간 **마지막 모음**이 'ㅏ' 양성. 词干以**子音**'ㅅ'结束。词干最后一个母音是**阳性母音**'ㅏ'
낫－ + 자음 　 + 子音	낫고, 낫**지**, 낫게 　更好而 - (不)好, (动词)得好
낫－ + '으' 모음 　 + '으' 母音	나으면, 나으니 #1 　更好的话, 更好所以~
낫－ + '으' 외의 모음 　 + 除了'으' 以外的母音	나아서, 나았다 #2 　因为更好, 更好了。

#1　낫－ + －으면 → 나－ + －으면 → 나으면

#2　낫－ + －아서 → 나－ + －아서 → 나아서

(ㄴ) 'ㅅ' 불규칙 형용사 예문

(ㄴ) 'ㅅ'的不规则形容词例句。

① 겨울보다 여름이 살기가 더 **낫습니다.**

① 夏天比冬天的生活更舒服。　　　　　　　　**낫－ + －습니다 → 낫습니다**

② 보기에 이것이 더 나으니 이것을 사자.

　　② 看来这个更好,买这个吧。　　낫- + -(으)니 → 나- + -으니 → 나으니

③ 사는 것보다 빌리는 것이 더 나아서 빌렸다.

　　③ 租的比买的更好,所以租了。　　낫- + -아서 → 나- + -아서 → 나아서

⑵ 'ㅂ' 불규칙 형용사

　⑵ 'ㅂ' 的不规则形容词

　어간이 'ㅂ'으로 끝나는 일부 형용사는 자음을 만나면 변화가 없지만, 모음 어미를
만나면 'ㅂ'이 '우' 또는 '오'로 변한다. ('ㅂ' 불규칙 동사와 같다)

　词干以'ㅂ'结束的部分形容词,跟子音连接时,词干不变化。

　但跟母音连接时,最后的词干'ㅂ'要变到 '우'或'오'。(跟 'ㅂ' 的不规则动词一样)

형용사(形容词) : 곱다(细嫩), 더럽다(脏), 춥다(冷), 덥다(热), 쉽다(容易), 어렵다(难),
　　　　　　　　미덥다(可信,可靠), 아름답다(美丽), 어른답다(像大人一样) 等
　　　　　　　　'-답다(像谁谁一样)'的形容词, 어른스럽다(像大人一样) 等'-스럽다
　　　　　　　　(像~一样)'的形容词, 까다롭다(挑剔) 等 '-롭다(-的样子)'的形容词。

㉠ 어미　　1그룹(+ **자음**)　　　　　어간 변화없음

　　　　　2그룹(+ '으'모음)　　　　어간 마지막 'ㅂ' → '우'또는 '오'

　　　　　3그룹(+ '으' 외 모음)　　어간 마지막 'ㅂ' → '우'또는 '오'

　㉠ 词尾　　第1组(+ 子音)　　　　　词干不变。

　　　　　第2组(+ '으'母音)　　　　词干最后的 'ㅂ' → '우'或 '오'

　　　第3组(+ 除了'으' 以外的母音)　词干最后的'ㅂ' →'우'或'오'

아름답다 : 아름답- + -다 美丽	
아름답- + 자음 　　+ 子音 아름답- + '으' 모음 　　+ '으' 母音 아름답- + '으' 이외 모음 　　+ 除了'으' 以外的母音	아름답**고**, 아름답**게** 　美丽而, (动词)得美丽 아름다우면 #[1], 아름다우니 　美丽的话, 美丽所以~ 아름다워서 #[2] 아름다웠다 　因为美丽, 美丽

#1 아름답– + –(으)면 → 아름다우– + –면→ 아름다우면

#2 아름답– + –아 / 어서 → 아름다우– + –어서→ 아름다워서

덥다 : 덥– + –다 热	
덥– + 자음 　 + 子音 덥– + '으' 모음 　 + '으' 母音 덥– + '으' 이외 모음 　 + 除了'으' 以外的母音	덥고,　덥게,　　덥지 　热而,(动词)得热,(不)热 더우면 #3, 더우니 　热的话,热所以～ 더워서 #4, 더웠다 　因为热,热。

#3 덥– + –(으)면 → 더우– + –면 → 더우면

#4 덥– + –어서 → 더우– + –어서 → 더워서

(ㄴ) 'ㅂ' 불규칙 형용사 예문

　(ㄴ) 'ㅂ' 的不规则形容词例句

① 철수는 나이는 어려도 행동이 **어른스럽습니다.**

　① [哲洙]虽然年纪小,可是行动却像大人一样。

어른스럽– + –습니다 → 어른스럽습니다

② 날씨가 너무 더우니 시원한 물 한 잔 합시다.

　② 天气非常热,喝一杯凉白开水吧。덥– + –(으)니 → **더우– + –니 → 더우니**

③ 추우면 창문을 닫도록 합시다.

　③ 天气冷的话,关窗户吧。　춥– + –(으)면 → **추우– + –면 → 추우면**

④ 영희는 정말 아름다워서 인기가 많습니다.

　④ [英喜]非常美丽,所以很受欢迎。

아름답– + –어서 → 아름**다우**– + –어서 → 아름**다워서**

⑤ 그 아이의 행동이 어른스러워서 믿음직합니다.

　⑤ 那个孩子的行动像大人一样,所以信得过。

어른스럽– + –어서 → 어른스**러우**– + –어서 → 어른스러워서

(ㄷ) 'ㅂ' 규칙 형용사

　　(ㄷ) 'ㅂ'的规则形容词。

어떠한 어미가 오더라도 'ㅂ'이 변하지 않는다.

　　词干以'ㅂ'结束的部分形容词,跟任何一个词尾连接时,词干都不变化。

－ 형용사(形容词)　　：좁다(窄)等

좁다 : 좁 - + -다 　　窄	어간이 **자음 'ㅂ'으로 끝남**. 어간 **마지막 모음이 양성 'ㅗ'** 　　词干以**子音'ㅂ'结束**。词干最后一个母音是**阳性母音'ㅗ'**
좁 - + 자음 　　　+ 子音 좁 - + '으' 모음 　　　+ '으' 母音 좁 - + '으' 외의 모음 　　　+ 除了'으' 以外的母音	좁고,　　 좁**지**　 좁게 　窄而~, (不)窄, (动词)得窄 좁으며, 좁으면, 좁으니 　窄而~, 窄的话, 窄所以~ 좁아서, 좁았다 　因为窄, 窄。

(ㄹ) 'ㅂ' 규칙 형용사 예문

　　(ㄹ) 'ㅂ'的规则形容词例句

⑥ 생각을 너무 **좁게** 하지 말고 넓게 생각하자.

　　⑥ 思想不要太狭隘,想开点儿吧。　　　　　좁- + -게 → 좁게

⑦ 방이 좁으면 좁은 대로 살아야지.

　　⑦ 如果房间窄的话,就凑合住吧。　　　　　좁- + -(으)면 → 좁으면

　　　　　　　　　　　　　　　　　　　　　　좁- + -(으)ㄴ → 좁은

⑧ 골목이 너무 **좁아서** 차가 들어가지 못한다.

　　⑧ 胡同窄得很,车进不去。　　　　　　　　좁- + -아서 → 좁아서

문제 问题

01 다음에서 어간이 변하는 불규칙 활용 형용사를 모두 고르시오.

请选出下面动词中,**所有的词干不规则形容词**。

① 낫다(更好)　　② 좁다　　③ 덥다　　④ 아름답다

02 다음 중 어미 변화에 따른 형용사 활용이 잘못된 것은 어느 것인가?

下面形容词中,哪个形容词词尾变化**是错的**?

① 늦다 – 늦으면

② 낫다(更好) – 나아서

③ 춥다 – 춥어서

④ 쉽다 – 쉬워서

03 다음 중 어미 변화에 따른 형용사 활용이 잘못된 것은 어느 것인가?

下面形容词中,哪个形容词词尾变化**是错的**?

① 어렵다 – 어려우면

② 어렵다 – 어려워서

③ 어른스럽다 – 어른스러우게

④ 어른스럽다 – 어른스러워서

04 다음 문장의 밑줄친 부분 중 형용사 활용이 잘못된 것은 어느 것인가?

下面句子中划线部分,哪个形容词变化**是错的**?

① 철수 집은 매우 넓어서 좋아합니다.

　　① [哲洙]的房子大的很,非常满意。

② 사는 것보다 빌리는 것이 나아서 빌리기로 했다.

　　② 租的比买的更好,所以决定租了。

③ 영희는 곱운 얼굴이라 인기가 많습니다.

　　③ [英喜]有张精致的脸,所以很受欢迎。

④ 오늘 시험에 까다로운 문제가 많이 나왔습니다.

　　④ 今天的考试出了很多比较难的问题。

O5 괄호 안에 들어 가 있는 형용사의 올바른 활용은 어느 것인가?

下面括号里,哪个形容词变化是<u>正确的</u>?

예문 : 그는 (㉠ 새롭다) 집에서 (㉡ 새롭다) 가정을 꾸렸습니다.

他在 (㉠ 新)房,成了 (㉡)家。

---

① ㉠ 새로운 ‒ ㉡ 새로우게

② ㉠ 새로운 ‒ ㉡ 새롭게

③ ㉠ 새롭운 ‒ ㉡ 새로우게

④ ㉠ 새롭운 ‒ ㉡ 새롭게

🪭 정답(答案)

01 ①, ③, ④ : ② ‘좁다’는 ‘ㅂ’ 규칙 형용사이다.

② ‘좁다’(窄)是‘ㅂ’的规则形容词。

① ‘낫다’는 ‘ㅅ’ 불규칙 형용사이다.

① ‘낫다’(容易)是‘ㅅ’的不规则形容词。

③ ‘덥다’와 ④ ‘아름답다’는 ‘ㅂ’ 불규칙 형용사이다.

③ ‘덥다’(热)和 ④ ‘아름답다’(漂亮)是‘ㅂ’的不规则形容词。

02 ③ : ③ ‘춥다’는 ‘ㅂ’ 불규칙 형용사로 모음 어미를 만나면 ‘ㅂ’이 ‘우 / 오’로 바뀐다.

③ ‘춥다’(冷)是‘ㅂ’的不规则形容词。跟母音连接时,最后的‘ㅂ’要变到‘우’或‘오’。

춥‒＋‒어서 → 추**우**‒＋‒어서 → ‘**추워서**’

① ‘늦다’는 규칙 활용 형용사이다.

① ‘늦다’(晚) 是规则形容词。

② ‘낫다’는 ‘ㅅ’ 불규칙 형용사이다.

② ‘낫다’(更好) 是 ‘ㅅ’ 的不规则形容词。

④ ‘쉽다’는 ‘ㅂ’ 불규칙 형용사이다.

④ ‘쉽다’(容易)是‘ㅂ’的不规则形容词。

03 ③ : ‘어렵다’, ‘어른스럽다’는 ‘ㅂ’ 불규칙 형용사로 자음 어미를 만나면

변화가 없지만 모음 어미를 만나면 ‘ㅂ’이 ‘우 / 오’로 바뀐다.

: ‘어렵다’(难)和‘어른스럽다’(像大人一样)是‘ㅂ’的不规则形容词。

词干以‘ㅂ’结束的部分形容词,跟子音连接时,词干不变化。

但跟母音连接时,最后的‘ㅂ’要变到 ‘우’或‘오’。

① 어렵 – + – (으)면 → 어려우 – + – 면→ '어려우면'

② 어렵 – + – **어서** → 어려우 – + – **어서**→ '어려워서'

③ 어른스럽 – + – **게** → '어른스럽**게**'

④ 어른스럽 – + – **어서** → 어른스러우 – + – **어서** → '어른스**러**워서'

04 ③ : ③ '곱다'는 'ㅂ' 불규칙 형용사.

　　: ③ '곱다'(精致)是'ㅂ'的不规则形容词。

　　③ 곱 – + – ㄴ / 은 → **고우** – + – ㄴ → '**고운**'

　　① 넓 – + – **어서** → 넓어서

　　② '낫다'는 'ㅅ' 불규칙 형용사

　　② '낫다'(更好)是'ㅅ'的规则形容词。

　　② 낫 – + – **아서** → 나 – + – **아서** → '나아서'

　　④ '까다롭다'는 'ㅂ' 불규칙 형용사

　　④ '까다롭다'(挑剔)是'ㅂ'的不规则形容词。

　　④ 까다롭 – + – ㄴ / 은 → 까다**로우** – + – ㄴ → '까다**로**운'

05 ② : '새롭다'는 'ㅂ' 불규칙 동사로 자음 어미가 오면 변화가 없으나

　　모음 어미가 오면 'ㅂ'이 '우' 나 '오'로 바뀐다.

　　: '새롭다'(新) 是 'ㅂ' 的不规则形容词,它跟子音连接时,词干不变化。

　　但跟母音连接时,最后的'ㅂ'要变到'우'或'오'。

　　'새롭 – + – ㄴ / 은' → '새**로우** – + – ㄴ' → '새**로**운'

　　'새롭 – + – **게**' → '새롭**게**'

(3) '르' 불규칙

(3) '르' 不規則

어간이 '르' 로 끝나는 형용사는 자음이나 '으' 모음을 만나면 변화가 없으나,

'으' 이외의 모음을 만나면 '르'가 'ㄹㄹ'로 변한다. ('르' 불규칙 동사와 같다)

词干以'르'结束的形容词跟子音,或者跟'으'母音连接时,词干都不变。

但跟'으'以外的母音连接时,最后的'르'要变到 'ㄹㄹ'. (跟 '르' 的不规则动词一样)

– 형용사(形容词) : 다르다(不同), 이르다(早), 게으르다(懶)

(ㄱ) 어미	1그룹(+ **자음**) 어간 변화없음
	2그룹(+ '으'모음) 어간 변화없음
	3그룹(+ '으' 외 모음) 어간 마지막 '르'→'ㄹㄹ'
(ㄱ) 词尾	第1组(+ 子音) 词干不变。
	第2组(+ '으'母音) 词干不变。
	第3组(+ 除了'으' 以外的母音) 最后的'르'→'ㄹㄹ'

다르다 : 다르 – + – 다 不同	
다르 – + 자음 + 子音 다르 – + '으' 모음 + '으' 母音 다르 – + '으' 이외 모음 + 除了'으' 以外的母音	다르**고**, 다르**게** 　不同而–.(动词)得不同 다르**면**, 다르**니** 　不同的话,不同所以〜 달라**서**, 달랐**다**, 달리 #1 　因为不同.不同,意料之外。

#1 다르– + –아서 → 다ㄹㄹ– + –아서 → 달라서

　　다르– + –았다 → 다ㄹㄹ– + –았다 → 달랐다

　　다르– + –이 → 다ㄹㄹ– + –이 → 달리

이르다(早) : 이르 – + – 다 早	
이르 – + 자음 + 子音 이르 – + '으' 모음 + '으' 母音 이르 – + '으' 이외 모음 + 除了 '으' 以外的母音	이르**고**, 이르**게** 　早而–.(动词)得早 이르**면**, 이르**니** 　早的话,早所以〜 일러**서**, 일렀**다** #2 　因为早.早

$$^{\#2}\ 이르- + -어서 → 이ㄹㄹ- + -어서 → 일러서$$
$$이르- + -었다 → 이ㄹㄹ- + -었다 → 일렀다$$

게으르다 : 게으르- + -다 懒	
게으르- + 자음 　　+ 子音 게으르- + '으' 모음 　　+ '으' 母音 게으르- + '으' 이외 모음 　　+ 除了'으' 以外的母音	게으르고, 게으르게 　懒而-,懒地(动词) 게으르면, 게으르니 　懒的话,懒所以~ 게을러서, 게을렀다#3 　因为懒,懒

$$^{\#3}\ 게으르- + -어서 → 게으ㄹㄹ- + -어서 → 게을러서$$
$$게으르- + -었다 → 게으ㄹㄹ- + -었다 → 게을렀다$$

(ㄴ) '르' 불규칙 형용사 예문

　(ㄴ) '르' 的不规则形容词例句

① 회사마다 제품 이름이 **다르고** 품질도 **다르다.**

　① 每个公司产品名称不同,质量也不同。　　　다르- + -고 → **다르고**

　　　　　　　　　　　　　　　　　　　　　　다르- + -**다** → **다르다**

② 그 두 사람의 성격은 달라도 너무 달랐다.

　② 他们两个人的性格不同,简直太不一样了。

　　　　　　　　　　다르- + -아도 → 다ㄹㄹ- + -아도 → **달라도**

　　　　　　　　　　다르- + -았다 → 다ㄹㄹ- + -았다 → **달랐다**

③ 이르면 내일 물건이 도착할 것이다.

　③ 最早明天能到货。　　　　　　　　　　이르- + -(으)면 → 이르면

④ 평상시 **게으르게** 행동하면 평생 게을러집니다.

　④ 平时行动懒的话,一辈子都会变得很懒。　게으르- + -**게** → 게으르게

　　　　　　　　　　게으르- + -어 → 게으ㄹㄹ- + -어 → 게을러

⑤ 철수는 너무 게을러서 매일 꾸중을 들었다.

　⑤ [哲洙]非常懒,所以每天被批评。

　　　　　　　게으르- + -어서 → 게으ㄹㄹ- + -어서 → 게을러서

(4) '—' 불규칙 형용사

(4) '—' 的不规则形容词

어간이 '—'로 끝나는 형용사는 '으' 이외의 모음을 만나면 '—'가 탈락한다.

('—' 불규칙 동사와 같다)

词干以'—'结束的形容词,跟子音或者跟'으'母音连接时,词干都不变化。

但跟'으'以外的母音连接时,要省略词干最后的'—'。(跟 '—' 的不规则动词一样)

– 형용사(形容词) : 고프다(饿), 아프다(疼), 슬프다(伤心), 예쁘다(漂亮),

기쁘다(高兴), 바쁘다(忙), 쓰다(苦)等。

㉠ 어미　　1그룹(+ **자음**)　　　　어간 변화없음

　　　　　　2그룹(+ '으'모음)　　　어간 변화없음

　　　　　　3그룹(+ '으' 외 모음)　어간 마지막 '—'생략

㉠ 词尾　第1组(+ 子音)　　　　　词干不变。

　　　　　第2组(+ '으'母音)　　　词干不变。

第3组(+ 除了'으' 以外的母音) 省略词干最后的 '—'

고프다 : 고프 – + –다 饿	
고프 – + 자음 　　　 + 子音 고프 – + '으' 모음 　　　 + '으' 母音 고프 – + '으' 이외 모음 　　　 + 除了 '으' 以外的母音	고프**고**, 고프**게** 　饿而,饿着 고프면, 고프니 　饿的话,饿所以~ 고파서, 고팠다 #1 　因为饿,饿

#1 고프– + –아서 → 고ㅍ– + –아서 → 고파서

고프– + –았다 → 고ㅍ– + –았다 → 고팠다

아프다 : 아프 – + –다 疼	
아프 – + 자음 　　　 + 子音 아프 – + '으' 모음 　　　 + '으' 母音 아프 – + '으' 이외 모음 　　　 + 除了'으' 以外的母音	아프**고**, 아프**게** 　疼而,疼着 아프면, 아프니 　疼的话,疼所以~ 아파서 #2, 아팠다 　因为疼,疼

#2 아프– + –아서 → 아ㅍ– + –아서 → 아파서

기쁘다 : 기쁘 – + – 다 　高兴	
기쁘 – + 자음 　　 + 子音 기쁘 – + '으' 모음 　　 + '으' 母音 기쁘 – + '으' 이외 모음 　　 + 除了'으' 以外的母音	기쁘**고**, 기쁘**게** 　高兴而, 高兴地 기쁘면, 기쁘니 　高兴的话, 高兴所以~ 기뻐서, 기뻤다#3 　因为高兴, 高兴

#3 기쁘 – + –어서 → 기뻐 – + –어서 → 기뻐서
　　기쁘 – + –었다 → 기뻐 – + –었다 → 기뻤다

(ㄴ) '_' 불규칙 형용사 예문

(ㄴ) '_' 的不规则形容词例句

① 배가 너무 **고프니** 뭐라도 먹읍시다.

　① 非常饿, 随便吃点东西吧.　　　　　고프 – + –(으)니 → 고프니

② 배가 **고파서** 밥을 급하게 먹었다.

　② 因为饿, 吃得很急.　　　　　고프 – + – 아서 → 고ㅍ – + –아서 → 고파서

③ 마음도 **아프고** 몸도 아파서 학교를 쉬었습니다.

　③ 心里难过, 身体也不舒服, 所以休学了。아프 – + 고 → 아프고

　　　　　　　　　　아프 – + – 아서 → 아ㅍ – + –아서 → 아파서

④ 모든 일에 항상 **기쁘게** 생각해야 한다.

　④ 面对所有的事情, 都要乐观地想.　　　　　기쁘 – + –게 → **기쁘게**

⑤ 영희는 선물을 받고 **기뻐서** 펄쩍 뛰었습니다.

　⑤ [英喜]收到礼物高兴得跳了起来. 기쁘 – + –어서 → 기뻐 – + –어서 → **기뻐서**

⑥ 감기 약이 너무 **썼습니다**.

　⑥ 感冒药太苦了.　　　　　쓰 – + –었습니다 → ㅆ – + –었습니다 → 썼습니다

(5) 'ㄹ' 불규칙 형용사

　(5) 'ㄹ' 不规则形容词

어간이 'ㄹ'로 끝나는 모든 형용사는 특정 어미를 만나면 'ㄹ'이 탈락한다.

('ㄹ' 불규칙 동사와 같다)

　词干以'ㄹ'结束的所有形容词,跟特定词尾连接时,要省略词干最后的'ㄹ'。

　(跟 'ㄹ' 的不规则动词一样)

– 형용사(形容词) : 멀다(远), 달다(甜), 길다(长), 잘다(细)等都是以'ㄹ'结束的形容词。

　(ㄱ) 어미로 아래와 같은 경우를 만나면 'ㄹ'이 탈락한다.

　　(ㄱ) 词干跟下面的词尾连接时,要省略词干最后的'ㄹ'。

　　　ㄱ 'ㄴ'으로 시작하는 어미 :　　　달− + −ㄴ→ 다− + −ㄴ → 단

　　　　ㄱ 以'ㄴ'开始的词尾　　　　　　　　　　　　　　　甜的

　　　ㄴ 'ㅅ'로 시작하는 어미 :　　　달− + −시면→ 다− + −시면 → 다시면

　　　　ㄴ 以'ㅅ'开始的词尾　　　　　　　　　　　　　甜的话(表尊敬)

　　　ㄷ 'ㅂ'으로 시작하는 어미 :　달− + −ㅂ니다 → 다− + −ㅂ니다 → 답니다

　　　　ㄷ 以'ㅂ'开始的词尾　　　　　　　　　　　　　　　甜

　(ㄴ) 그 외의 경우는 변화가 없다.

　　(ㄴ) 词干跟上面以外的词尾连接的话,没有变化.：　달− + −고 → 달고 甜而

　　　　　　　　　　　　　　　　　　　　　　달− + −면 → 달면 甜的话

　　　　　　　　　　　　　　　　　　　　　　달− + −아서 → 달아서 甜所以

　(ㄷ) 'ㄹ' 불규칙 형용사 예문

　　(ㄷ) 'ㄹ' 不规则的形容词例句

　　　① 먼 곳에서 오신 분 손들어 보세요.　　: 멀− + −ㄴ → 머− + −ㄴ

　　　　① 来自较远地方的人,请举手

　　　② 집에서 학교는 매우 멉니다.　　　　: 멀− + −ㅂ니다 → 머− + −ㅂ니다

　　　　② 从家到学校很远。

　　　③ 갈 길이 멀다고 생각하면 천천히 가세요.　: 멀− + −다고

　　　　③ 你要觉得路远的话,就慢慢走吧。

　　　④ 음식이 답니까?　　　　　　　　　: 달− + −ㅂ니까 → 다− + −ㅂ니까

　　　　④ 菜甜吗？

　　　⑤ 달면 삼키고 쓰면 뱉는다. (속담) #1 : 달− + −면

　　　　⑤ 咽甜吐苦。(俗语) #1

⑥ 저 사람은 다리가 **긴** 편입니다.　　　： 길- + -ㄴ → **기**- + -ㄴ

　　⑥ 那个人的腿算长的。

⑦ 꼬리가 **길면** 밟힌다. (속담) #²　　　： 길- + -**면**

　　⑦ 尾巴长的话,终究会被踩的。(俗语) #²

#¹ 속담) 일을 하거나 사람을 사귐에 있어서, 옳고 그름이나 신의보다는 자신에게
　　　　이익이 되면 조건이나 사람을 받아들이고, 자신에게 손해가 되면 거부한다
　　　　라는 의미로 자신의 이익만을 중요시하는 것을 비유.

　#¹ (俗语) 工作或跟朋友打交道的时侯,不讲是非,不重视信誉,只重视自己的利益。
　　　　　意思是对自己有利的话,就接受,对自己无利的话,就拒绝。

#² 속담) 남 모르게 하는 좋지 않은 행위는 계속하게 되면 언젠가는 발각이 된다.

　#² (俗语) 比喻常做坏事,总有一天会被败露的。

01 다음에서 어간이 변하는 불규칙 활용 형용사를 모두 고르시오.
　　请选出下面动词中,**所有的词干不规则形容词**。

　　① 다르다　　　② 기쁘다　　　③ 달다　　　④ 길다

02 다음 중 어미 변화에 따른 형용사 활용이 잘못된 것은 어느 것인가?
　　下面形容词中,哪个形容词词尾变化**是错的**?

　　① 게으르다 – 게으르고　　　② 아프다 – 아파니
　　③ 슬프다 – 슬퍼서　　　　　④ 멀다 – 멉니다

03 다음 중 어미 변화에 따른 형용사 활용이 올바른 것은 어느 것인가?
　　下面形容词中,哪个形容词词尾变化**是正确的**?

　　① 게으르다 – 게을러도　　　② 쓰다 – 쓰어서
　　③ 바쁘다 – 바빠면　　　　　④ 길다 – 기다면

04 다음 문장의 밑줄친 부분 중 형용사 활용이 잘못된 것은 어느 것인가?
　　下面句子中划线部分,哪个形容词变化**是错的**?

　　① 음식이 달다고 생각합니까?　　② 달면 삼키고 써면 뱉는다.
　　　 你觉得这个菜甜吗?　　　　　　　 咽甜吐苦。
　　③ 학교에 너무 이르게 도착하였다.　④ 배가 너무 고파요.
　　　 到学校到得很早。　　　　　　　　 非常饿,简直快饿死了。

05 괄호 안에 들어 가 있는 형용사의 올바른 활용은 어느 것인가?
　　下面括号里,哪个形容词变化**是正确的**?

　　┌──┐
　　│ 예문 : 그 두 사람은 성격도 (㉠ 다르다), 취미도 (㉡ 다르다)　│
　　│　　　 他们两个人的性格 (㉠ 不同),爱好也 (㉡ 不同)。　　　│
　　└──┘

　　① ㉠ 달르고 – ㉡ 다랐다　　　② ㉠ 달르고 – ㉡ 달랐다
　　③ ㉠ 다르고 – ㉡ 다랐다　　　④ ㉠ 다르고 – ㉡ 달랐다

01 ①, ②, ③, ④ : ① '다르다'는 '르'불규칙 형용사, ② '기쁘다'는 '—'불규칙 형용사이다.

: ① '다르다'(不同)是'르'的不规则, ② '기쁘다'(高兴)是'—'的不规则形容词。

③ '달다'와 ④ '길다'는 '르' 불규칙 형용사이다.

③ '달다'(甜)和④ '길다'(长)是'르'的不规则形容词。

02 ② : ② '아프다'는 '—' 불규칙 형용사로 자음이나 '으' 모음을 만나면 어간에 변화가

없지만, '으' 이외의 모음을 만나면 '—'가 탈락한다.

② '아프다'(疼)是'—'的不规则形容词，词干跟子音或者跟'으'母音连接时，

词干都不变化。但跟'으'以外的母音连接时，要省略词干最后的'—'。

② '아프 – + –(으)니' → '아프니'

① '게으르다'는 '르' 불규칙 형용사로 자음 어미를 만나면 변화가 없다.

① '게으르다'(懒)是'르'的不规则形容词。

词干跟子音或者跟'으'母音连接时，词干都不变。

③ '슬프다'는 '—' 불규칙 형용사.

③ '슬프다'(伤心)是'—'的不规则形容词。

③ '슬프 – + – 어서' → '슬ㅍ – + – 어서' → '슬퍼서'

④ '멀다'는 '르' 불규칙 형용사로 'ㄴ', 'ㅅ', 'ㅂ'을 만나면 'ㄹ'이 탈락하고

그 외의 경우는 변화가 없다.

④ '멀다'(远)是'르'的不规则形容词，词干跟 'ㄴ', 'ㅅ', 'ㅂ'连接时，

要省略词干最后的'ㄹ'，词干跟这个以外的词尾连接时，都没有变化。

④ '멀 – + – ㅂ니다' → '머 – + – ㅂ니다' → '멉니다'

03 ① : ① '게으르다'는 '르' 불규칙 형용사로 '으' 이외의 모음 어미를 만나면 '르'가 'ㄹㄹ'로 변한다.

: ① '게으르다'(懒)是'르'的不规则形容词。

词干跟'으'以外的母音连接时，词干最后的'르'要变到 'ㄹㄹ'。

① '게으르 – + – 어도' → '게으ㄹㄹ – + – 어도' → '게을러도'

② '쓰다'와 ③ '바쁘다' 는 '—' 불규칙 형용사로 '으' 이외의 모음을 만나면

'—'가 탈락하지만 그 외는 변화가 없다.

② '쓰다'(苦)和 ③ '바쁘다'(忙)是'—'的不规则形容词，词干跟子音或者跟'으'母音

连接时，词干都不变化。但跟'으'以外的母音连接时，要省略词干最后的'—'。

② '쓰 – + – 어서' → 'ㅆ – + – 어서' → '써서'

③ '바쁘 – + –(으)면' → '바쁘면'

④ '길다'는 '르' 불규칙 형용사로 'ㄴ', 'ㅅ', 'ㅂ'을 만나면

'ㄹ'이 탈락하고 그 외의 경우는 변화가 없다.

④ '길다'(长)是'르'的不规则形容词，词干跟 'ㄴ', 'ㅅ', 'ㅂ'连接时，

要省略词干最后的'ㄹ'，词干跟这个以外的词尾连接时，都没有变化。

④ '길 – + – 다면' → '길다면'

04 ② : ② '쓰다'와 ④ '고프다'는 'ㅡ' 불규칙 형용사로 자음이나 '으' 모음을 만나면
어간에 변화가 없지만, '으' 이외의 모음을 만나면 'ㅡ'가 탈락한다.

   : ② '쓰다'(苦)和④ '고프다'(饿)是'ㅡ' 不规则形容词,词干跟子音或者跟'으'母音
连接时,词干都不变化。但跟'으'以外的母音连接时,要省略最后的词干'ㅡ'。

   ② '쓰ㅡ+ㅡ(으)면' → '쓰면'

   ④ '고프ㅡ+ㅡ아요' → '고ㅍㅡ+ㅡ아요' → '고파요'

① '달다'는 'ㄹ' 불규칙 동사로 'ㄴ', 'ㅅ', 'ㅂ'을 만나면
'ㄹ'이 탈락하고 그 외의 경우는 변화가 없다.

   ① '달다'(甜)是'ㄹ'的不规则形容词,词干跟 'ㄴ', 'ㅅ', 'ㅂ'连接时,
要省略词干最后的'ㄹ'。词干跟这个以外的词尾连接时,都没有变化。

   ① '달ㅡ+ㅡ다고' → '달다고'

③ '이르다'는 '르' 불규칙 형용사로 자음이나 '으' 모음의 어미를 만나면 변화가
없지만 '으' 이 외의 모음을 만나면 '르'가 'ㄹㄹ'로 변한다.

   ③ '이르다'(早)是'르'的不规则形容词,词干跟子音或者跟'으'母音连接时,
词干都不变。但跟'으'以外的母音连接时,词干最后的'르'要变到 'ㄹㄹ'。

   ③ '이르ㅡ+ㅡ게' → '이르게'

05 ④ : '다르다'는 '르' 불규칙 형용사로 자음이나 '으' 모음의 어미를 만나면 변화가
없지만 '으' 이 외의 모음을 만나면 '르' 가 'ㄹㄹ'로 변한다.

   : '다르다'(不同)是'르'的不规则形容词,词干跟子音或者跟'으'母音连接时,
词干都不变。但跟'으'以外的母音连接时,词干最后的'르'要变到 'ㄹㄹ'。

   '다르ㅡ+ㅡ고' → '다르고'

   '다르ㅡ+ㅡ았다' → '다ㄹㄹㅡ+ㅡ았다' → '달랐다'

🐼 어미 불규칙 형용사
词尾-不规则形容词

– 후행하는 어미에 따라 어간은 변하지 않으나 어미의 변화가 불규칙하게 변한다.

– 词干根据后面词尾的样子,没有变化,

可是词尾根据后面词尾的样子,词尾要不规则的变化.

– 특히 모음으로 시작하는 어미 앞에서 불규칙 변화를 한다. (2가지)

– 特别是以母音开始的词尾,词尾有不规则变化.(2种)

(1) '하다' 형용사의 불규칙 활용

(1) '하다'形容词的不规则变化

'–하다'로 끝나는 형용사는 자음이나 '으' 모음을 만나면 변화가 없지만 '으' 이외의

모음을 만나면 '하여' 또는 '해'로 바뀐다. ('–하다' 불규칙 동사와 같다)

以'–하다'结束的形容词,跟子音或者'으'母音连接时,不变化.

跟'으'以外的母音连接时,词尾要变到'하여'或'해'.(跟'–하다'的不规则动词一样)

– 형용사(形容词) : 깨끗하다(干净), 조용하다(安静), 피곤하다(累), 행복하다(幸福)

(ㄱ) 어미　　1그룹 (+ **자음**)　　　　　　　어미 변화없음

　　　　　　　2그룹(+ '으' 모음)　　　　　　어미 변화없음

　　　　　　　3그룹(+ '으' 외 모음)　　　　　어미 '하여', '해'로 변화

(ㄱ) 词尾　　第1组(+ 子音)　　　　　　　　词尾不变.

　　　　　　　第2组(+ '으' 母音)　　　　　　词尾不变.

　　　　　　　第3组(+ 除了'으' 以外的母音)　词尾变到 '하여'或'해'.

깨끗하다 : 깨끗하 – + – 다 干净	
깨끗하 – + 자음 　　　+ 子音	깨끗하고, 깨끗하게 　干净而,干净地(动词)
깨끗하 – + '으' 모음 　　　+ '으' 母音	깨끗하면 #1, 깨끗하니 　干净的话,干净所以~
깨끗하 – + '으' 이외 모음 　　　+ 除了'으' 以外的母音	깨끗해서 #2 　因为干净

#1 깨끗하– + –(으)면 → 깨끗하면

#2 깨끗하– + –아서 → 깨끗해서

피곤하다 : 피곤하− + −다 累	
피곤하− + 자음 + 子音 피곤하− + '으' 모음 + '으' 母音 피곤하− + '으' 이외 모음 + 除了'으' 以外的母音	피곤하**고**, 피곤하**게** 　累而,(动词)得累 피곤하면#3, 피곤하니 　累的话,累所以~ 피곤해서 #4 　因为累

#3 피곤하− + − (으)면 → 피곤하면
#4 피곤하− + −아서 → 피곤해서

　(ㄴ) '하다' 불규칙 형용사 예문

　　(ㄴ) '하다' 不规则形容词例句

　　① 아기가 자고 있으니 **조용하게** 얘기해야 한다.

　　　　① 婴儿在睡觉,所以说话要安静。　　　조용하− + −게 → **조용하게**

　　② 산에 갔다 왔더니 **피곤하고** 졸리다.

　　　　② 因为爬了山,又累又困。　　　　　피곤하− + −고 → **피곤하고**

　　③ 자식들이 행복하면 부모는 더 바랄 것이 없다.

　　　　③ 孩子们幸福的话,父母别无所求。　행복하− + −면 → 행복하면

　　④ 방이 넓고 깨끗해서 마음에 든다.

　　　　④ 房间又宽又干净,所以很满意。　　깨끗하− + −아서 → 깨끗해서

　　⑤ 아무리 피곤하여도 / 해도 씻고 자야 한다.

　　　　⑤ 再怎么累也一定要洗完再睡。　　피곤하− + −아도 → 피곤해도

(2) '러' 불규칙 형용사

　(2) '러' 不规则形容词

　　어간이 '르'로 끝나는 일부 형용사는 자음이나 '으' 모음의 어미를 만나면 변화가

　　없으나, '으' 외의 모음을 만나면 어미 앞에 'ㄹ'이 추가된다. (동사와 같다)

　　　词干以'르'结束的部分形容词,跟子音或者'으'母音连接的话,不变化。

　　　跟'으'以外的母音连接时,要添加'ㄹ',(跟'러' 不规则动词一样)

− 형용사(形容词) : 푸르다(青), 누르다(有点儿黄)

(ㄱ) 어미　　1그룹(+ **자음**)　　　　　　　어미 변화없음

　　　　　　　2그룹(+ '으'모음)　　　　　　어미 변화없음

　　　　　　　3그룹(+ '으' 외 모음)　　　　어미 앞에 'ㄹ' 추가

(ㄱ) 词尾　　第1组(+ 子音)　　　　　　　词尾不变

　　　　　　第2组(+ '으'母音)　　　　　　词尾不变

　　　　　　第3组(+ 除了'으' 以外的母音)　在词尾前面添加 'ㄹ'

푸르다 : 푸르 ─ + ─다 青	
푸르 ─ + 자음 　　+ 子音 푸르 ─ + '으' 모음 　　+ '으' 母音 푸르 ─ + '으' 외 모음 　　+ 除了'으' 以外的母音	푸르**고**, 푸르**게**, 푸르**지** 青而,(动词)得青,(不)青 푸르며, 푸르면, 푸르니 #1 青而,青的话,青所以～ 푸르러#2, 푸르렀다 变青了,青。

#1 푸르 ─ + ─(으)니 → 푸르니

#2 푸르 ─ + ─어 → 푸르 ─ + ─ㄹ ─ + ─어 → 푸르러

누르다 : 누르 + ─다 有点儿黄	
누르 ─ + 자음 　　+ 子音 누르 ─ + '으' 모음 　　+ '으' 母音 누르 ─ + '으' 외 모음 　　+ 除了'으' 以外的母音	누르**고**, 누르**게**, 누르**지** 黄而,(动词)得黄,(不)黄 누르며, 누르면, 누르니 #3 黄而,黄的话,黄所以～ 누르러 #4, 누르렀다 变黄了,黄

#3 누르 ─ + ─(으)니 → 누르니

#4 누르 ─ + ─어 → 누르 + ─ㄹ ─ + ─어 → 누르러

(ㄴ) '러' 불규칙 형용사 예문

(ㄴ) '러' 不规则形容词例句

① 하늘도 **푸르고** 바람도 상쾌하다.

　　① 天也很蓝,风也很凉爽。　　　　푸르 ─ + ─**고** → 푸르고

② 잔디가 푸르니 기분이 절로 좋아진다.

　　② 草地很绿,所以不知不觉心情变好了。　　푸르 ─ + ─(으)니 → 푸르니

③ 오늘은 하늘이 한층 **푸르렀다.**

③ 今天天更蓝。

　　　푸르- + -었다 → 푸르- + -ㄹ- + -었다 → 푸르렀다

④ 가을이 오니 잔디가 **누르러져** 갔다.

④ 秋天来了,草地变黄了。

　　　누르- + -어져 → 누르- + -ㄹ- + -어져 → 누르러져

🐼 어간, 어미 불규칙

어간, 어미 불규칙

　　– 어간이 'ㅎ'으로 끝나는 대부분의 형용사는 자음 어미 앞에서는 변화가 없지만, '으' 모음

　　　앞에서 'ㅎ'이 탈락하고, '으' 이외의 모음 앞에서는 'ㅎ'도 탈락하고 어미 변화도 추가된다.

　　　– 词干以 'ㅎ' 结束的大部分形容词,跟子音连接时,不变化,跟'으'母音连接时

　　　会省略'ㅎ',跟 '으' 以外的母音连接时,不仅省略'ㅎ'而且词尾也要变化。

　　– 형용사(形容词) : 하얗다(白), 허옇다(有点儿白), 까맣다(黑), 꺼멓다(有点儿黑),

　　　　　　　　　파랗다(青), 퍼렇다(有点儿青), 이렇다(这样), 그렇다(那样),

　　　　　　　　　저렇다(那样), 동그랗다(圆)

　　　　　　　　　좋다 이외에 어간이 'ㅎ'으로 끝나는 형용사

　　　　　　　　　除了'좋다'(好)不变以外,以'ㅎ'结束的所有形容词。

(ㄱ) 어미　　1그룹(+ **자음**)　　　　　　어미 변화없음

　　　　　　2그룹(+ '으'모음)　　　　　　'ㅎ' 탈락

　　　　　　3그룹(+ '으' 외 모음)　　　　'ㅎ' 탈락 + 애/에,얘/예

(ㄱ) 词尾　　第1组(+ 子音)　　　　　　词尾不变

　　　　　　第2组(+ '으'母音)　　　　　会省略'ㅎ'

　　第3组(+ 除了'으' 以外的母音)　会省略'ㅎ' + 애/에,얘/예

까맣다 : 까맣- + - 다 黑	
까맣- + 자음 　　+ 子音	까맣**고**, 까맣**게**, 까맣**지** 　黑而,乌黑地,(不)黑
까맣- + '으' 모음 　　+ '으' 母音	까**마며**, 까**마면**, 까**마니** [1] 　黑而,黑的话,黑所以~
까맣- + '으' 외 모음 　　+ 除了'으' 以外的母音	까**매서** [2], 까**맸었다** 　: 因为黑,黑

$$\#^1\ \text{까맣}- + -(\text{으})\text{니} \to \text{까마}- + -(\text{으})\text{니} \to \text{까마니}$$
$$\#^2\ \text{까맣}- + -\text{아서} \to \text{까마}- + -\text{애서} \to \text{까매서}$$

하얗다 : 하얗 − + − 다 　白	
하얗 − + 자음 　　+ 子音 하얗 − + '으' 모음 　　+ '으' 母音 하얗 − + '으' 외 모음 　　+ 除了'으' 以外的母音	하얗**고**, 하얗**게**, 하얗**지** 白而,雪白地,(不)白 하야며, 하야면, 하야니 #³ 白而,白的话,白所以〜 하얘서 #⁴, 하얬었다 因为白,白

$$\#^3\ \text{하얗}- + -(\text{으})\text{니} \to \text{하야}- + -(\text{으})\text{니} \to \text{하야니}$$
$$\#^4\ \text{하얗}- + -\text{아서} \to \text{하야}- + -\text{애서} \to \text{하얘서}$$

그렇다 : 그렇 − + − 다 　那样	
그렇 − + 자음 　　+ 子音 그렇 − + '으' 모음 　　+ '으' 母音 그렇 − + '으' 외 모음 　　+ 除了'으' 以外的母音	그렇**고**, 그렇**게**, 그렇**지** 那样而,那样地,(不)那样 그러면#⁵, 그러니 那么,那样所以〜 그래서#⁶, 그랬었다 那样所以,那样

$$\#^5\ \text{그렇}- + -(\text{으})\text{면} \to \text{그러}- + -(\text{으})\text{면} \to \text{그러면}$$
$$\#^6\ \text{그렇}- + -\text{어서} \to \text{그러}- + -\text{애서} \to \text{그래서}$$

(ㄴ) 'ㅎ' 불규칙 형용사 예문

(ㄴ) 'ㅎ' 不规则形容词例句

① 얼굴도 **까맣고** 건강해 보입니다.

　① 脸黝黑黝黑的,看起来很健康。　　　　까맣− + −고 → **까맣고**

② 얼굴이 까마면 매력이 있습니다.

　② 如果脸黝黑黝黑的话,很有魅力的。

　　　　　　까맣− + −(으)면 → 까마− + −(으)면 → 까마면

③ 얼굴이 **하얗습니다.**

　③ 脸很白。　　　　　　하얗− + −습니다 → **하얗습니다**

④ 눈이 **하얗게** 내렸습니다.

　④ 雪下得真白。　　　　　하얗− + −게 → **하얗게**

196

⑤ 얼굴이 하얘서 아픈 줄 알았습니다.

　　⑤ 因为他脸色苍白,我以为他生病了。

$$하얗- + -아서 → 하야- + -아서 → 하얘서$$

⑥ 하늘이 파라니 기분이 좋아졌습니다.

　　⑥ 天很蓝,所以心情变好了。

$$파랗- + -(으)니 → 파라- + -(으)니 → 파라니$$

⑦ 철수도 그렇게 생각한다고 대답했습니다.

　　⑦ [哲洙]回答到,自己也那样想。　　　그렇- + -게 → 그렇게

⑧ 철수는 감기에 걸려서 열이 많이 났습니다. 그래서 학교를 쉬었습니다.

　　⑧ [哲洙]感冒了,发高烧,所以缺课了。

$$그렇- + -어서 → 그러- + -애서 → 그래서$$

㈃ 'ㅎ' 규칙 형용사

　㈃ 'ㅎ' 规则形容词

　　어간이 'ㅎ'으로 끝나지만 뒤의 어미에 관계없이 어간, 어미가 규칙 활용을 한다.

　　以'ㅎ'结束的词干,不管跟什么词尾连接,词干和词尾都不变化。

- 형용사(形容词) : 좋다(好)

좋다 好	좋- + -다	
	좋- + 자음 　+ 子音	좋고, 좋게, 좋지 　好而,好好地,(不)好
	좋- + '으' 모음 　+ '으' 母音	좋으며, 좋으면, 좋으니 　好而,好的话,好所以～
	좋- + '으' 외 모음 　+ 除了'으' 以外的母音	좋아서, 좋았습니다 　因为好,好

㈄ 'ㅎ' 규칙 형용사 예문

　㈄ 'ㅎ' 规则形容词例句

① 이 방은 전망도 좋고 깨끗해서 좋습니다.

　　① 这房间景观好,又很干净,所以很满意。좋- + -고 → 좋고

$$좋- + -습니다 → 좋습니다$$

② 서로가 **좋으면** 사랑한다고 할 수 있지!

　　② 如果互相有好感的话,这就是爱!　　좋- + -(으)면 → 좋으면

③ 새 가방이 너무 **좋아서** 매일 들고 다닙니다.

　　③ 因为对新包很喜欢,所以每天带着。좋- + -아서 → 좋아서

01 다음에서 어미가 변하는 불규칙 활용 형용사를 모두 고르시오.
　　请选出下面动词中所有的**词尾不规则形容词**。

　　① 깨끗하다　　② 푸르다
　　③ 하얗다　　④ 좋다

02 다음 중 어미 변화에 따른 형용사 활용이 잘못된 것은 어느 것인가?
　　下面形容词中,哪个形容词词尾变化**是错的**?

　　① 조용하다 – 조용해서　　② 누르다 – 누르니
　　③ 까맣다 – 까매고　　④ 파랗다 – 파래서

03 다음 중 어미 변화에 따른 형용사 활용이 잘못된 것은 어느 것인가?
　　下面形容词中,哪个形容词词尾变化**是错的**?

　　① 피곤하다 – 피곤해고　　② 푸르다 – 푸르러
　　③ 하얗다 – 하얘서　　④ 좋다 – 좋아서

04 다음 문장의 밑줄친 부분 중 형용사 활용이 잘못된 것은 어느 것인가?
　　下面句子中划线部分,哪个形容词变化**是错的**?

　　① 자식들이 행복하면 부모들은 더 바랄 것이 없다.
　　　　① 孩子们幸福的话,父母别无所求。
　　② 아무리 피곤하도 씻고 자야 한다
　　　　② 再怎么累也一定要洗完再睡。
　　③ 가을에는 잔디가 누르러져 간다.
　　　　③ 秋天草地变黄了。
　　④ 아기 얼굴이 동그래서 아주 귀엽다.
　　　　④ 因为婴儿的脸圆圆的,很可爱。

05 괄호 안에 들어 가 있는 형용사의 올바른 활용은 어느 것인가?

下面括号里,哪个形容词变化**是正确的**?

예문 : 하늘도 (㉠ 파랗다), 우리 마음도 같이 (㉡ 파랗다)

因为天 (㉠ 很蓝), 我们的心情也 (㉡ 很好)

---

① ㉠ 파라니 － ㉡ 파래습니다.

② ㉠ 파랗니 － ㉡ 파랬습니다

③ ㉠ 파라니 － ㉡ 파랗습니다

④ ㉠ 파랗니 － ㉡ 파랗습니다

정답(答案)

01 ①, ②, ③ : ① '깨끗하다'는 '하다' 불규칙 형용사이다.
　　　　　: ① '깨끗하다'(干净)是'하다'的不规则形容词。
　　　　　② '푸르다'는 '러' 불규칙, ③ '하얗다'는 'ㅎ' 불규칙 형용사이다.
　　　　　　② '푸르다'(青)是'러'的不规则, ③ '하얗다'(白)是'ㅎ'的不规则形容词。
　　　　　④ '좋다'는 'ㅎ' 규칙 형용사이다.
　　　　　　④ '좋다'(好)是'ㅎ'的规则形容词。

02 ③ : ③ '까맣다'와 ④ '파랗다'는 'ㅎ' 불규칙 형용사로 자음을 만나면 변화가 없으나 모음을 만나면
　　　　'ㅎ'이 탈락하고, 특히 '으' 이외의 모음 앞에서는 'ㅎ'도 탈락하고 어미 변화도 추가된다.
　　　　: ③ '까맣다'(黑)和 ④ '파랗다'(青)是'ㅎ'的不规则形容词。
　　　　　词干跟子音连接时,不变化。它跟'으'母音连接时,会省略 'ㅎ'。
　　　　　它跟 '으' 以外的母音连接时,不仅省略'ㅎ'而且词尾也变化。
　　　　③ '까맣ㅡ + ㅡ고' → '까맣고'
　　　　④ '파랗ㅡ + ㅡ 아서' → '파라ㅡ + ㅡ 아서' → '파래서'
　　　　① '조용하ㅡ + ㅡ 아서' → '조용해서'
　　　　② '누르ㅡ + ㅡ(으)니' → '누르니'

03 ① : ① '피곤하다'는 '하다' 불규칙 형용사로 자음이나 '으' 어미를 만나면 변화가 없다.
　　　　① '피곤하다'(累)是'하다'的不规则形容词,它跟子音或'으'母音连接时,不变化。
　　　　① '피곤하ㅡ + ㅡ고' → '피곤하고'
　　　　② '푸르ㅡ + ㅡ 어' → '푸르ㅡ + ㄹ + ㅡ 어' → '푸르러'
　　　　③ '하얗ㅡ + ㅡ 아서' → '하야ㅡ + ㅡ 아서' → '하얘서'
　　　　④ '좋ㅡ + ㅡ 아서' → '좋아서'

04 ② : ② '피곤하다'는 '하다' 불규칙 형용사로 '으' 외의 어미를 만나면
　　　　어미가 '하여ㅡ' 또는 '해ㅡ'로 변한다.
　　　　: ② '피곤하다'(累)是'하다'的不规则形容词,跟'으'以外的母音连接的话,词尾变到'하여'或'해'。
　　　　② '피곤하ㅡ + ㅡ 아도' → '피곤해도'
　　　　① '행복하ㅡ + ㅡ(으)면' → '행복하면'
　　　　③ '누르ㅡ + ㅡ 어져' → '누르 + ㅡㄹ ㅡ + ㅡ 어져' → '누르러져'
　　　　④ '동그랗ㅡ + ㅡ 아서' → '동그라ㅡ + ㅡ 애서' → '동그래서'

05 ③ : '파랗다'는 자음을 만나면 변화가 없으나 '으' 모음을 만나면 'ㅎ' 이 탈락하고,
　　　　'으' 외의 모음 앞에서는 'ㅎ'도 탈락하고 어미 변화도 추가된다.
　　　　: '파랗다'(蓝)是'ㅎ'的不规则形容词,词干跟子音连接时,不变化。
　　　　　跟'으'母音连接时,会省略 'ㅎ'。
　　　　　跟'으'以外的母音连接时,不仅省略'ㅎ'而且词尾也变化。
　　　　'파랗ㅡ + ㅡ(으)니' → '파라ㅡ + ㅡ(으)니' → '파라니'
　　　　'파랗ㅡ + ㅡ 습니다' → '파랗습니다'

⑨ 뒤바뀐 형용사
　　順序颠倒的韩语形容词

한국어와 중국어 의미는 같으나 앞뒤 음절이 바뀌어 있는 형용사
　跟中文的形容词意思差不多,可是顺序颠倒的韩语形容词

　한국어(한국 한자) − 중국어(간체자)
　韩语形容词(韩国汉字)− 中文(简体字)

　　　　　1) 소박하다(素朴하다)　　　　　　− 朴素

　　　　　2) 솔직하다(率直하다)　　　　　　− 直率

　　　　　3) 영광스럽다(榮光스럽다)　　　　− 光荣

　　　　　4) 열악하다(劣惡하다)　　　　　　− 恶劣

　　　　　5) 절박하다(切迫하다)　　　　　　− 迫切

　　　　　6) 보기 드물다　　　　　　　　　− 少见, 罕见

제10장

용언의 성분 변화 谓词的成分变化

 ## 용언의 명사형 谓词的名词形

: 역할(作用)
– 용언이 명사형 전성 어미와 결합하여 명사와 같은 기능을 하여
  문장 내에서 주어, 목적어, 보어 역할을 한다.
  – 谓词跟名词化词尾连接变成名词,在句中起名词的作用(主语,宾语或补语)。

: 형태(形態)
– 용언 어간에 '–ㅁ/음'#¹ 또는 '–기'의 전성 어미를 결합한다.
  – 谓词词干跟名词化词尾'–ㅁ/음'#¹或'–기'连接。

#¹ ㉠ 용언 어간이 모음으로 끝나면 '–ㅁ',
    ㉠ 谓词词干以母音结束的话,连接 '–ㅁ'
   ㉡ 용언 어간이 자음으로 끝나면 '–음'
    ㉡ 谓词词干以子音结束的话,连接 '–음'

전성 어미 '–기'는 어간의 종결 형태와 관련 없이 결합한다.
  连接名词化词尾'–기'时,跟词干的结束形态无关。

🐼 **동사의 명사형**
  动词的名词形

(1) 동사 어간 + 명사형 전성 어미(–ㅁ/음 또는 –기)
  (1) 动词词干 + 名词化词尾('–ㅁ/음' 或 '–기')

동사(动词)	–ㅁ/음	– 기
가다(去)	감(가– + –ㅁ)	가기(가– + –기)
사다(买)	삼(사– + –ㅁ)	사기(사– + –기)
하다(做)	함(하– + –ㅁ)	하기(하– + –기)
받다(收)	받음(받– + –음)	받기(받– + –기)
먹다(吃)	먹음(먹– + –음)	먹기(먹– + –기)
입다(穿)	입음(입– + –음)	입기(입– + –기)
하다(做)	함(하– + –ㅁ)	하기(하– + –기)
하였다(做)#²	하였음(하였– + –음)	하였기(하였– + –기)

#² ‘하였다’는 ‘하다’의 과거형
#² ‘하였다’是‘하다’的过去时

(2) 동사의 명사형 예문

    (2) 动词的名词形例句

      ① 그 일은 그렇게 시작함이 옳았다.   주어

        ① 那件事那样开始是对的。   主语 (시작하 – + –ㅁ)

      ② 그가 합격하였음을 알았다.   목적어

        ② 知道他合格了。   宾语 (합격하였 – + –음)

      ③ 지금 당장 출장을 가기가 어렵다.   주어

        ③ 现在马上去出差有点儿困难。   主语   (가 – + –기)

      ④ 서로의 생일날에 선물 주고 받기를 하였다.   목적어

        ④ 决定双方生日那天, 互送生日礼物。   宾语(주고 받 – + –기)

      ⑤ 그는 밥을 먹기를 거부하였다.   목적어

        ⑤ 他拒绝吃饭。   宾语   (먹 – + –기)

🐼 형용사의 명사형
形容词的名词形

(1) 형용사 어간 + 명사형 전성 어미 (‘–ㅁ/음’ 또는 ‘–기’)

    (1) 形容词词干 + 名词化词尾 ‘–ㅁ/음’ 或 ‘–기’)

형용사(形容词)	−ㅁ/음	−기
높다(高)	높음(높− + −음)	높기(높− + −기)
낮다(低)	낮음(낮− + −음)	낮기(낮− + −기)
늦다(晚)	늦음(늦− + −음)	늦기(늦− + −기)
예쁘다(漂亮)	예쁨(예쁘− + −ㅁ)	예쁘기(예쁘− + −기)
아름답다(美丽)	아름다움(아름다우− + −ㅁ)	아름답기(아름답− + −기)

(2) 형용사의 명사형 예문

　(2) 形容词的名词形例句

　　① 겉모습보다 내적 아름다움이 더 중요하다.　　　주어

　　　① 内在美比外表更重要。　　　主语

　　　　　　　　　(아름답− + −ㅁ/음 → 아름다우− + −ㅁ)

　　② 그는 늦기를 밥 먹듯이 한다.　　　목적어

　　　② 他迟到就象吃饭一样平常。　　　宾语　　(늦− + −기)

　　③ 그녀는 기쁘기가 그지없다.　　　주어

　　　③ 她高兴极了。　　　主语　　(기쁘− + −기)

🐼 서술격 조사의 명사형
谓格助词的名词形

(1) '이' + 명사형 전성 어미('−ㅁ' 또는 '−기')

　(1) '이' + 名词化词尾('−ㅁ' 또는 '−기')

이다	임(이− + −ㅁ)	이기(이− + −기)
학생이다	학생임	학생이기
어머니다	어머니임	어머니이기

(2) '이다' 명사형 예문

　(2) '이다'的名词形例句

　　① 그가 범인임이 밝혀졌다.　　　주어

　　　① 揭露了他是个罪犯。　　　主语

② 그는 **학생이기를 포기하였다.**　　　　　　목적어

　　② 他放弃了当学生。　　　　　　　　　　　宾语

🐼 '–ㅁ / 음' 명사형과 '–기' 명사형의 특징
'–ㅁ / 음' 名词形和 '–기' 名词形的特征

(1) '–ㅁ / 음' 명사형은 이미 이루어졌거나 결정되어 있는 사실,

　　판단 / 단정적 문장에 많이 사용된다.

　　(1) 表示已经实现的,已经决定的事实,判断或确定句子时,常用 '–ㅁ / 음' 名词形。

　　　　'–ㅁ / 음' 명사형과 잘 어울리는 동사 :

　　　　　跟 '–ㅁ / 음' 名词形搭配的动词 :

　　　　　보다(看), 듣다(听), 알다(知道), 모르다(不知道), 깨닫다(领会,感悟),

　　　　　기억하다(记住), 부인하다(否认), 알려지다(众所周知), 밝혀지다(揭露),

　　　　　주장하다(主张), 보고하다(报告)

　　　　'–ㅁ / 음' 명사형과 잘 어울리는 형용사 :

　　　　　跟 '–ㅁ / 음' 名词形搭配的形容词 :

　　　　　필요하다(需要), 바람직하다(所希望的,可取的), 중요하다(重要), 분명하다(分明),

　　　　　확실하다(确实), 옳다(对的), 마땅하다(应当,应该), 어리석다(傻)

　　　　'–ㅁ / 음' 명사형과 잘 어울리는 문장 :

　　　　　跟 '–ㅁ / 음' 名词形搭配的句子 :

　　　　　사실이다(是真的), 잘못이다(是错的), 수치이다(是羞耻的)

(2) '–기' 명사형은 아직 이루어지지 않았거나 아직 결정되지

　　않은 일, 감정적인 내용을 갖는 문장에 많이 사용된다.

　　(2) 表示还没实现的,还没决定的或者表达情感内容时,用 '–기' 名词形。

　　　　'–기' 명사형과 잘 어울리는 동사 :

　　　　　跟 '–기' 名词形搭配的动词 :

　　　　　바라다(意愿), 빌다(祝), 기대하다(期待), 약속하다(约好), 결심하다(决心),

　　　　　제안하다(提议), 명령하다(命令), 두려워하다(害怕), 시작하다(开始) 거부하다(拒绝)

'-기' 명사형과 잘 어울리는 형용사 :

　　跟'-기'名词形搭配的形容词 :

　　쉽다(容易), 어렵다(难), 싫다(不喜欢), 괴롭다(难过), 힘들다(辛苦), 지루하다

　　(无聊), 알맞다(合适), 적당하다(适当), 적합하다(适合的), 그지없다(极至,非常)

'-기' 명사형과 잘 어울리는 문장 :

　　跟'-기'名词形搭配的句子。

　　　예사이다(是常事), 십상이다(是很容易的) 등

(3) '-ㅁ / 음', '-기' 예문

(3) '-ㅁ / 음'和 '-기'的例句

  ① 그동안 중국이 많이 **발전하였음**이 알려졌다. (○)　　　　　과거

    ① 众所周知,那段时间中国的发展变化很大。　　　　　　　过去时

    ①' 그동안 중국이 많이 **발전하였기**가 알려졌다. (×)

  ② 그는 비로소 자신의 생각이 **틀렸음**을 알았다. (○)　　　　　과거

    ② 他才知道自己的想法错了。　　　　　　　　　　　　　　过去时

    ②' 그는 비로소 자신의 생각이 **틀렸기**를 알았다. (×)

  ③ 그가 **범인임**이 밝혀졌다. (○)　　　　　　　　　　　　　사실

    ③ 揭露了他是个罪犯。　　　　　　　　　　　　　　　　事实

    ③' 그가 **범인이기**가 밝혀졌다. (×)

  ④ 그가 집에 없으니 이리로 오고 **있음**이 분명하다. (○)　　　판단

    ④ 他不在家,所以能肯定在来这儿的路上。　　　　　　　判断

    ④' 그가 집에 없으니 이리로 오고 **있기**가 분명하다. (×)

  ⑤ 죄를 지었으면 벌을 **받음**이 마땅하다. (○)　　　　　　단정

    ⑤ 犯罪的话,应该要受到惩罚。　　　　　　　　　　　断定

    ⑤' 죄를 지었으면 벌을 **받기**가 마땅하다. (×)

  ⑥ 밥을 **먹기** 전에 손을 씻는 것이 좋다. (○)　　　　　　미래

    ⑥ 饭前最好洗手。　　　　　　　　　　　　　　　　将来时

    ⑥' 밥을 **먹음** 전에 손을 씻는 것이 좋다. (×)

⑦ 나는 네가 파티에 오기를 기대한다. (○)　　　　　　　　기대

　　⑦ 我期待你能来参加宴会。　　　　　　　　　　　　　　期待

　　⑦' 나는 네가 파티에 옴을 기대한다. (×)

⑧ 내일 10시에 상점 문을 열기를 약속하였다. (○)　　　　　약속

　　⑧ 约好明天10点商店开门。　　　　　　　　　　　　　　约定

　　⑧' 내일 10시에 상점 문을 열음을 약속하였다. (×)

⑨ 가만히 앉아 있기가 힘들다. (○)　　　　　　　　　　　감정

　　⑨ 很难安静地坐着。　　　　　　　　　　　　　　　　情感

　　⑨' 가만히 앉아 있음이 힘들다. (×)

⑩ 자주 만나면 **정들기** 십상이다. (○)

　　⑩ 常常见面的话，是很容易结下情谊。

　　⑩' 자주 만나면 정듦이 십상이다. (×)

⑪ 그녀는 기쁘기가 그지없다. (○)　　　　　　　　　　　감정

　　⑪ 她高兴极了。　　　　　　　　　　　　　　　　　　情感

　　⑪' 그녀는 기쁨이 그지없다. (×)

용언의 관형사형 谓词的冠词形

- 역할 : 용언이 관형사형 전성 어미와 결합하여 관형사와 같은 기능을 하여
  문장 내에서 체언을 수식하는 역할을 한다.
 - 作用 : 谓词跟冠词化词尾连接, 在句子中像冠词一样起修饰体词的作用。
 - 형태 : 용언 어간에 시제에 맞는 어미 '-는', 'ㄴ/은', '-던', '-았던/었던', '-ㄹ/을'을
  붙여서 관형사 역할을 하게 한다.
  - 形态 : 根据时态谓词词干和 '-는', 'ㄴ/은', '-던', '-았던/었던', '-ㄹ/을'连接, 起冠
    词的作用。

🐼 동사의 관형사형
动词的冠词形

	현재(现在)	과거(过去时)	미래(将来时)
(1) 동사 어간 +	-는	-ㄴ/은, -던, -았던/었던	-ㄹ/을
(1) 动词词干 +			

(2) 동사의 현재 관형사형 어미는, 동사 어간 형태에 관계없이 '-는'

  (2) 不管什么样子的动词词干, 动词的现在冠词形词尾是 '-는'。

(3) 동사 과거 관형사형 어미는 '-ㄴ/은', '-던', '-았던/었던'이다.

  (3) 动词的过去时冠词形词尾, 是'-ㄴ/은', '-던', '-았던/었던'。

 (ㄱ) '-ㄴ/은'은 기본 과거 관형사형 어미이다.

   (ㄱ) 基本过去时冠词形词尾是'-ㄴ/은'。

  ㉠ 어간이 모음으로 끝나는 경우는 'ㄴ' : '가(다)' → '간'

    ㉠ 词干以母音结束的话, 用'ㄴ' : '가(다)' → '간'

  ㉡ 어간이 자음으로 끝나는 경우는 '은' : '받(다)' → '받은'

    ㉡ 词干以子音结束的话, 用'은' : '받(다)' → '받은'

 (ㄴ) '-던'은 모든 어간 형태에 사용되며, 과거 진행 상황이나 과거 습관을 표현

  (ㄴ) 不管什么样子的动词词干, 表示过去时的进行或习惯时, 用'-던'。

    : '가-' + '-던', '받-' + '-던', '먹-' + '-던'

 (ㄷ) '-았던/었던' 은 과거 경험을 표현하며

(ㄷ) '-았던/었던'表示过去时的经验。

: 받- + -았던 → 받았던, 먹- + -었던 → 먹었던

(4) 동사의 미래 관형사형은 '-ㄹ/을'

    (4) 动词的将来时冠词形词尾是 '-ㄹ/을'

      ㉠ 어간이 모음으로 끝나면 'ㄹ' 사용 : 가- + '-ㄹ' → '갈'

        ㉠ 词干以母音结束的话,用'ㄹ'。

      ㉡ 어간이 자음으로 끝나면 '을' 사용 : 받- + '-을' → '받을'

        ㉡ 词干以子音结束的话,用'을'。

(5) 동사 예 动词 例子

	현재(现在)	과거(过去时)	미래(将来时)
가다 去(的)	가는 在去	간,　가던(진행, 습관), 갔던(경험) 已经去的,去的(进行, 习惯),去过的(经验)	갈 　要去的
받다 收(的)	받는 在收	받은,　받던(진행, 습관), 받았던(경험) 已经收的,收的(进行, 习惯), 去过的(经验)	받을 　要收的
먹다 吃(的)	먹는 在吃	먹은,　먹던(진행, 습관), 먹었던(경험) 已经吃的,吃的(进行, 习惯),吃过的(经验)	먹을 　要吃的
입다 穿(的)	입는 在穿	입은,　입던(진행, 습관), 입었던(경험) 已经穿的,穿的(进行, 习惯),穿过的(经验)	입을 　要穿的
하다 做(的)	하는 在做	한,　하던(진행, 습관), **했던#** (경험) 已经做的,做的(进行, 习惯),做过的(经验)	할 　要做的

하 + '-었던' → '하였던/했던'

(6) 예문(例句)

    ① 철수가 읽는 책은 바로 네가 갖고 있는 책이다.　　　　　　(현재)

      ① [哲洙]读的书就是你有的那本书。　　　　　　　　　　　(现在)

    ② 조금 전에 **지나간** 사람 아는 사람이냐?　　　　　　　　(과거)

      ② 刚才过去的人,你认识吗？　　　　　　　　　　　　　(过去时)

    ③ 방금 전에 **지나가던** 사람이 뭘 물어 봤나요?　　　　　(과거 진행)

      ③ 刚才过去的人,问了什么？　　　　　　　　　　　　(过去时进行)

    ④ 어렸을 때 **먹던** 수박이 생각나네.　　　　　　　　　　(과거 습관)

      ④ 想起了小时侯吃的西瓜。　　　　　　　　　　　　　(过去时习惯)

⑤ 중학교 시절에 **입던** 교복이 색이 바랬다. (과거 습관)

　　⑤ 初中时穿的校服,褪色了。 (过去时习惯)

⑥ 그 당시 내가 **갔던** 곳은 바로 학교 도서관이였다. (과거 경험)

　　⑥ 那个时候,我常去的地方就是学校的图书馆。 (过去时经验)

⑦ 공부를 잘해서 칭찬을 **받았던** 적이 많았습니다. (과거 경험)

　　⑦ 因为学习好,所以曾经受到过很多次表扬。 (过去时经验)

⑧ 친구가 **찾아왔던** 그 날에 파티를 열었다. (과거 경험)

　　⑧ 朋友来访的那天举办了个宴会。 (过去时经验)

⑨ 그들이 함께 할 날은 언제 올까? (미래)

　　⑨ 他们什么时候一起聚会？ (将来时)

🐼 형용사의 관형사형
形容词的冠词形

	현재(现在)	과거(过去时)	미래(将来时)
	−ㄴ / 은	−던, −았던 / 었던	−ㄹ / 을

⑴ 형용사 어간 +　−ㄴ / 은　　−던, −았던 / 었던　　−ㄹ / 을

　⑴ 形容词词干 +

⑵ 형용사의 현재, 과거, 미래 관형사형은 동사와 같이 어간에 따라 어미가 정해진다.

　⑵ 形容词的现在时,过去时和将来时冠词形,像动词一样根据词干的形态决定。

⑶ 현재 관형사형 어미는 '−ㄴ / 은'

　⑶ 现在冠词形词尾是 '−ㄴ / 은'

　: 예쁘− + −ㄴ → 예쁜, 　높− + −은 → 높은

⑷ '−던', '−았던 / 었던'

　㉠ 과거형 '−던'은 어간 형태에 관계없이 사용하며 과거의 기본형을 표현한다.

　　㉠ 不管什么形态的词干,表示过去时的冠词时,用 '−던'。

　　: 예쁘− + −던 → 예쁘던, 　높− + −던 → 높던

　㉡ '−았던 / 었던'은 과거 회상을 표현하며

　　㉡ '−았던 / 었던' 表示过去时的回想。

　　: 높− + −았던 → 높았던, 예쁘 + −었던 → 예ㅃ + −었던 → 예뻤던#

　　　　　# '예쁘다'는 'ㅡ' 불규칙 형용사 ('예쁘다'是 'ㅡ'的不规则形容词)

(ㄷ) 형용사의 과거 관형사형의 특이점은 과거형에 '-ㄴ / 은 / 는' 형태는 없다는 점이다.

　(ㄷ) 形容词**过去时冠词形**的特征是，**没有** '-ㄴ / 은 / 는' 的形态。

(5) 형용사 예(形容词例子)

	현재(现在)	과거(过去时)	미래(将来时)
높다 高 예쁘다 漂亮 아름답다 美丽	높은 高的 예쁜 漂亮的 아름다운 美丽的	높던, 높았던(회상) 高的, 高的(回想) 예쁘던, 예뻤던(회상) 漂亮的, 漂亮的(回想) 아름답던, 아름다웠던(회상) 美丽的, 美丽的(回想)	높을 可能高的 예쁠 可能漂亮的 아름다울 可能美丽的

(6) 예문(例句)

　① 높은 산과 깊은 바다가 함께 있는 관광지에는 사람이 몰리게 되어 있다.

　　　　　　　　　　　　　　　　　　　　　　　　　　　　　　　(현재)

　　① 高山和深海共有的旅游胜地, 一定会人山人海的。　　　　　(现在)

　② 영희는 예쁜 강아지를 갖고 싶어한다.　　　　　　　　　(현재)

　　② [英喜]想要只漂亮的小狗。　　　　　　　　　　　　　(现在)

　③ 세월이 가니 그렇게 곱던 얼굴도 많이 변했다.　　　　　(과거)

　　③ 随着岁月流逝, 那么漂亮的脸也变了很多。　　　　　　(过去时)

　④ 날씨가 좋았던 날은 공원에 자주 가곤 했다.　　　　(과거 회상)

　　④ 天气好的时候常常去了公园。　　　　　　　　　　(过去时回想)

　⑤ 이 옷을 입으면 아마 예쁠 것이다.　　　　　　　　　(미래)

　　⑤ 穿这件衣服的话, 可能会漂亮的。　　　　　　　　　(将来时)

🐼 **서술격 조사 '이다' 의 관형사형**
　谓格助词'이다'的冠词形

	현재(现在)	과거(过去时)	미래(将来时)
이 + 예 例子： 학생이다 어머니이다	−ㄴ −인 当~的 학생인 어머니인	−던, −었던 −이던, −이었던 (경험) 当过~的, 当过~的 (经历) 학생이던, 학생이었던 어머니**이던**, 어머니이**었던**	−ㄹ −일 (추측) 会当~的 (推测) 학생일 어머니일

서술격 조사 '이다'는 하나뿐이므로 어미 변화도 단순하다.

　谓格助词只有一个'이다', 词尾变化也很简单。

(2) 미래형 '**−일**'은 미래의 의미보다는 가정이나 추측의 의미가 강하다.

　(2) 将来时冠词形 '−일', 假定或推测的意思比将来时的意思, 更强。

(3) 예문(例句)

　① 변호사인 그는 사업가로서도 성공을 하였다. 　　　　　　　(현재)

　　① 作为律师的他, 也作为企业家取得了成功。 　　　　　　　(现在)

　② 착실한 학생이던 철수가 범죄를 저질렀다는 사실은　믿을 수가 없다. (과거)

　　② 老实巴交的学生[哲洙]犯罪的事实, 令人难以置信。 　　　　(过去时)

　③ 학생이었던 나는 도서관에서 공부를 하곤 했다. 　　　　　　(과거 경험)

　　③ 曾经学生的我, 经常在图书馆里学习。 　　　　　　　(过去时经历)

　④ 그는 학생일 것 같다. 　　　　　　　　　　　　　　　　(추측)

　　④ 他可能是个学生。 　　　　　　　　　　　　　　　　(推测)

용언의 부사형 谓词的副词形

🐼 역할(作用)

용언이 부사형 전성 어미와 결합하여 부사와 같은 기능을 하여
문장 내에서 용언 등을 수식하는 역할을 한다.

　谓词跟副词化词尾连接, 像副词一样, 在句子中起修饰谓词的作用。

🐼 형태(形态)

용언 어간 뒤에 '**-게**', '**-도록**' 등을 붙여서 문장 내에서 부사어 역할을 하여 용언을 수식한다.

在谓词词干后面,用'**-게**'或 '**-도록**' 连接,在句子中起修饰谓词的作用。

🐼 예(例子)

똑같다 完全相同,一模一样	똑같**게** 动词 + 得相同	똑같**도록** 为了相同地
깨끗하다 干净	깨끗하**게** 动词 + 得干净	깨끗하**도록** 为了干净地
쉽다 容易	쉽**게** 动词 + 得容易	쉽**도록** 为了容易地
예쁘다 漂亮	예쁘**게** 漂亮地	예쁘**도록** 为了漂亮地
아름답다 美丽	아름답**게** 美丽地	아름답**도록** 为了美丽地
나다 生	나**게** 生	나**도록** 为了生
죽다 死	죽**게** 死	죽**도록** 竭尽全力
부시다 耀眼, 刺眼	부시**게** 耀眼地	부시**도록** ～得耀眼
늦다 晚	늦**게** 晚	늦**도록** 到很晚

🐼 예문(例句)

① 저 형제는 언제나 머리를 **똑같게** 하고 다닌다.

　① 那兄弟俩的发型总是做得一模一样的。

② 철수는 책상을 **깨끗하게** 닦았다.

　② [哲洙]把桌子擦得干干净净。

③ 그는 문제를 **쉽게** 풀었다.

　③ 他轻而易举地解开了问题。

④ 장미꽃이 **아름답게** 피었다.

④ 玫瑰花开得很漂亮。

⑤ 그는 땀이 **나도록** 뛰었다.

⑤ 他跑得出了汗。

⑥ 그는 젊었을 때 **죽도록** 일을 해서 돈을 모았다.

⑥ 他年轻时拼命地工作, 挣钱。

⑦ 내 눈앞에 눈이 부시게 아름다운 여인이 나타났다.

⑦ 我眼前出现了一位耀眼的漂亮女人。

형용사의 변화 形容词的变化

🐼 형용사 어간 뒤에 '-아 / 어지다'를 활용, 동사화하여 변화를 표현한다.

形容词的词干后面用 '-아 / 어지다' 连接, 形容词就变成了动词来表示形象的变化。

형용사(形容词)	어간 + - **아 / 어지다** 词干 + - **아 / 어지다**	→ 변화 표현 → 表示形象的变化
높다(高)	높 - + - **아지다**	→ 높**아지**다(变得更高)
낮다(低)	낮 - + - **아지다**	→ 낮**아지**다(变得更低)
늦다(晚)	늦 - + - **어지다**	→ 늦**어지**다(变得更晚)
예쁘다(漂亮)	예쁘 - + - **어지다**	→ 예**뻐지**다 (#¹)(变得更漂亮)
아름답다(美丽)	아름다우 - + - **어지다**	→ 아름다**워지**다 (#²)(变得更美丽)

#¹ : '—' 불규칙 형용사 ('—'的不规则形容词)

#² : 'ㅂ' 불규칙 형용사 ('ㅂ'的不规则形容词)

🐼 예문(例句)

① 달의 인력에 의해 해수면이 높아지고 낮아진다.

① 由于月球的引力, 使海面变得忽高忽低。

② 양사 간의 협상 체결이 점점 늦어지고 있다.

② 两个公司的协商签署越来越晚了。

③ **예뻐지**고 싶다는 것은 대부분의 여성의 공통적인 바람이다

③ 想要变得更漂亮, 是大部分女性的共同愿望。

01 **다음 중 용언의 명사형 전성 어미를 잘못 적용한 것은 어느 것인가?**

下面例子中,哪个是错的谓词名词化词尾？

① 하다 – 함
　　做

② 이다 – 임
　　是

③ 기쁘다 – 기쁘기
　　高兴

④ 먹다 – 먹기
　　吃

02 **다음에서 용언의 명사형의 용법이 어색한 문장은 어느 것인가?**

下面句子中,哪个谓词的名词形是不正确的？

① 그는 밥을 먹음을 거부하였다.
　　① 他拒绝吃饭。

② 그가 범인임이 밝혀졌다.
　　② 揭露了他是个罪犯。

③ 나는 네가 파티에 참석하기를 기대한다.
　　③ 我期待你能来参加宴会。

④ 내일 10시에 문을 열기를 약속하였다.
　　④ 约好明天10点开门。

03 **다음에서 용언의 명사형의 용법이 가장 정확한 문장은 어느 것인가?**

下面句子中,哪个谓词的名词形是正确的？

① 그는 자신이 틀렸기를 알았다.
　　① 他知道自己错了。

② 그는 지금 이리로 오고 있기가 분명하다.
　　② 他现在肯定在来这儿的路上。

③ 중국이 많이 발전하였음을 알았다.
　　③ 我了解到中国有了很大的发展。

④ 가만히 앉아 있음이 힘들다.
　　④ 很难安静地坐着。

04 다음에서 용언의 명사형의 용법이 가장 정확한 문장은 어느 것인가?

下面句子中,哪个谓词的名词形是正确的?

① 죄를 지었으면 벌을 받기가 마땅하다.

  ① 犯了罪的话,应该受到惩罚。

② 밥을 먹음 전에 손을 씻는 것이 좋다.

  ② 饭前最好洗手。

③ 선물을 받고 영희는 기쁨이 그지없었다.

  ③ [英喜]收到礼物,高兴极了。

④ 자주 만나면 정들기가 쉽다.

  ④ 常常见面的话,很容易结下情谊。

05 다음 용언의 관형사형 어미 변화가 잘못된 것은 어느 것인가?

下面例子中,哪个谓词的冠词形是错的?

① 가다(去) – 간

② 입다(穿) – 입었던

③ 예쁘다(漂亮) – 예쁘는

④ 높다(高) – 높은

06 다음에서 용언의 관형사형의 어미 변화가 잘못된 것은 어느 것인가?

下面例子中,哪个谓词的冠词形是错的?

① 고운 얼굴

  ① 精致的脸

② 좋았던 날

  ② 好的天

③ 싫은 사람

  ③ 讨厌的人

④ 학생이던 철수

  ④ 当学生的[哲洙]

07 다음에서 용언의 관형사형의 용법이 어색한 문장은 어느 것인가?

下面句子中,哪个谓词的冠词形是不正确的？

① 조금 전에 지나가던 사람이 지갑을 떨어뜨렸다.

  ① 刚才过去的人掉了钱包。

② 어렸을 때 먹는 수박이 생각났다.

  ② 想起了小时侯吃过的西瓜。

③ 내가 읽는 책이 바로 위인전이다.

  ③ 我看的书就是伟人传。

④ 우리 만날 장소를 정하자.

  ④ 商量一下,我们见面的地点吧。

08 다음 용언의 부사형의 적용이 어색한 문장은 어느 것인가?

下面句子中,哪个谓词的副词形是不正确的？

① 그는 문제를 쉽게 풀었다.

  ① 他轻而易举地解决了问题。

② 그는 젊었을 때 죽도록 일을 하였다.

  ② 他年轻时拼命地工作。

③ 저 형제는 머리를 똑같도록 하고 다닌다.

  ③ 那兄弟俩的发型,总是做得一模一样。

④ 철수는 책상을 깨끗하게 닦았다.

  ④ [哲洙]把桌子擦得干干净净。

🪭 정답(答案)

01 ③ : ③ '기쁘다'(高兴) – '기쁨', '기쁘기'

02 ① : '-ㅁ/음' 명사형은 과거의 일. 판단/단정적 문장에 많이 사용.

    '-기' 명사형은 미래의 일. 감정적인 내용을 갖는 문장에 많이 사용된다.

    : '-ㅁ/음'名词形表示已经实现的或判断或断定。

    '-기'名词形表示还没实现的内容或情感内容。

    ① '그는 밥을 먹음을 거부하였다'. (X)

    ① '그는 밥을 먹기를 거부하였다'. (O)

① 他拒绝吃饭。

03 ③ : ①'알다', ②'분명하다' 등의 판단. 단정적인 내용은 '-ㅁ / 음' 명사형과 잘 어울린다.
 : ① '알다'(知道)和 ② '분명하다'(分明)等的判断或断定的内容,是要跟'-ㅁ / 음'名词形搭配。
　　① 그는 자신이 틀렸기를 알았다. (X)
　　　그는 자신이 틀렸음을 알았다. (O)
　　　① 他知道自己错了。
　　② 그는 지금 이리로 오고 있기가 분명하다. (X)
　　　그는 지금 이리로 오고 있음이 분명하다. (O)
　　　② 他现在肯定在来这儿的路上。
　　④ '힘들다' 등의 감정적인 내용은 '-기' 명사형이 어울린다.
　　　④ '힘들다'(辛苦)等感情内容,要跟 '-기'名词形搭配。
　　④ 가만히 앉아 있음이 힘들다. (X)
　　　가만히 앉아 있기가 힘들다. (O)
　　　④ 很难安静地坐着。

04 ④ : ① '마땅하다' 등의 판단. 단정적인 내용은 '-ㅁ / 음' 명사형과 잘 어울린다.
 : ① '마땅하다'(应当) 等的判断或断定的内容要跟'-ㅁ / 음'名词形搭配。
　　① 죄를 지었으면 벌을 받기가 마땅하다 .(X)
　　　죄를 지었으면 벌을 받음이 마땅하다. (O)
　　　① 犯了罪的话,应当受到惩罚。
　　② '〜하기 전'은 미래의 일이므로 '-기' 가 어울린다.
　　　② '〜하기 전'(〜动作以前)是将来时,要跟'-기'名词形搭配。
　　② 밥을 먹음 전에 손을 씻는 것이 좋다. (X)
　　　밥을 먹기 전에 손을 씻는 것이 좋다. (O)
　　　② 饭前最好洗手。
　　③ '그지없다', ④'쉽다' 등의 감정적인 내용은 '-기'가 어울린다
　　　③ '그지없다'(极至)和④'쉽다'(容易)等表示感情内容,要跟'-기'名词形搭配。
　　③ 선물을 받고 영희는 기쁨이 그지없었다. (X)
　　　선물을 받고 영희는 기쁘기가 그지없었다. (O)
　　　③ [英喜]收到礼物,高兴极了。
　　④ 자주 만나면 정들기가 쉽다.
　　　④ 常常见面的话,很容易结下情谊。

05 ③ : ③ 형용사의 과거 관형사형에는 '-ㄴ / 은 / 는' 형태는 없다.
 : ③ 形容词的过去时冠词形,没有 '-ㄴ / 은 / 는'的形态。

06 ① : ① 곱운 얼굴 → 고운 얼굴(精致的脸)
　　　곱- + -ㄴ → 고우- + -ㄴ → 고운　# '곱다' 는 'ㅂ' 불규칙 형용사.
　　　　　　　　　　　　　　　　 # '곱다'(精致)是'ㅂ'的不规则形容词。

07 ② : ② '어렸을 때 먹는 수박이 생각났다.' (X)

'어렸을 때 먹던 수박이 생각났다.' (O)

② 想起了小时侯吃过的西瓜。

전체 문장의 시제가 과거이고, 과거 회상형이므로 '먹던'이 가장 적합하다.

整个句子的时态是过去时,而是过去时回想,所以'먹던'是最恰当的。

08 ③ : 용언의 부사형 '-게'와 '-도록'은 큰 차이는 없으나

'-게'는 주로 결과를 표현하고, '-도록'은 주로 목적, 정도를 표현한다.

: 谓词的副词形 '-게'和'-도록'差不多,但是'-게'主要表示结果,

'-도록'主要表示目的或程度。

③ '저 형제는 머리를 똑같도록 하고 다닌다'. (X)

'저 형제는 머리를 똑같게 하고 다닌다'. (O)

③ '那兄弟俩的发型总是做得一模一样的。

① 그는 문제를 쉽게 풀었다.

① 他轻而易举地解开了问题。

② 그는 젊었을 때 죽도록 일을 하였다.

② 他年轻时拼命地工作。

④ 철수는 책상을 깨끗하게 닦았다.

④ [哲洙]把桌子擦得干干净净。

⑩ 한국에서의 가족 구성원

韩国的家庭成员

중국 – 中国　　　한국 – 韩国

家庭成员	가족(家族) #	
亲戚,家族	친척(親戚)	자기 혈족이나 혼인 관계로 맺어진 일정 범위의 사람들
		跟自己,有血缘关系或者婚姻关系, 一定范围内的人。

한국에서의 가족은 부모, 형제자매, 자녀를 가리키는 말로 중국에서 친족을 의미하는
가족(家族)보다는 좁은 의미다.

韩国语的'가족'是指'父母,兄弟姐妹,跟孩子'。
中国的'家族'是包括'父母,兄弟姐妹,孩子'所有血缘关系的几代人。

– 祖父	조부(祖父)	공식적인 호칭, 문어체
		书面上的称呼,正式称呼
爷爷	할아버지	'조부'의 구어체로 고유 한국어
		'祖父'的口语,固有韩语
– 祖母	조모(祖母)	공식적인 호칭, 문어체
		书面上的称呼,正式称呼
奶奶	할머니	'조모'의 구어체, 고유 한국어
		'祖母'的口语,固有韩语
– 外祖父	외조부(外祖父)	어머니의 아버지(한자어)
		妈妈的爸爸(汉字语)
姥爷	외할아버지	'외조부'의 구어체(고유 한국어)
		'外祖父'的口语 (固有韩语)
– 外祖母	외조모(外祖母)	어머니의 어머니(한자어)
		妈妈的妈妈(汉字语)
姥姥	외할머니	'외조모'의 구어체(고유 한국어)
		'外祖母'的口语(固有韩语)
– 父亲,父	부친(父親)	공식적인 호칭,
		书面上的称呼,正式称呼
爸爸	아버지	'부친'의 구어체
		'父亲'的口语
爸爸,爸	아빠	어린아이 또는 여성이 주로 사용
		孩子们和女人常用
– 母亲,母	모친(母親)	공식적인 호칭,
		书面上的称呼,正式称呼
妈妈	어머니	'모친'의 구어체

			'母亲'的口语
妈妈, 妈	엄마		어린아이 또는 여성이 주로 사용. 孩子们和女人常用
– 公公	시아버지		'남편'의 아버지 '丈夫'的父亲
– 婆婆	시어머니		'남편'의 어머니 '丈夫'的母亲
– (老)丈人,岳父	장인(丈人)		'아내'의 아버지 '妻子'的父亲
– 丈母(娘),岳母	장모(丈母)		'아내'의 어머니 '妻子'的母亲
– 儿子	아들		
– 女儿	딸		
– 女婿	사위		
– 儿媳	며느리		
– 伯父,伯伯	백부(伯父)		아버지의 형(한자어) 爸爸的哥哥(汉字语)
大爷	큰아버지		'백부'의 고유 한국어 '伯父'的固有韩语
– 大伯母	백모(伯母)		백부의 아내(한자어) 伯父的妻子(汉字语)
大伯母	큰어머니		'백모'의 고유 한국어 '大伯母'的固有韩语
– 叔父,叔叔	숙부(叔父)		아버지의 남동생(한자어) 爸爸的弟弟 (汉字语)
	작은아버지		'숙부'의 고유 한국어 '叔父'的固有韩语
– 伯父,叔父	삼촌		'백부', '숙부'의 한국식 한자 '伯父'或'叔父'的韩国式表现 백부는 '큰 삼촌', 숙부는 '작은 삼촌' 伯父是'큰 삼촌', 叔父是'작은 삼촌'
– 叔母,婶	숙모(叔母)		숙부의 아내(한자어) '叔父'的妻子(汉字语)
	작은어머니		'숙모'의 고유 한국어 '叔母'的固有韩语
– 姑母, 姑姑	고모(姑母)		아버지의 여자 형제(한자어) 爸爸的姐妹(汉字语)

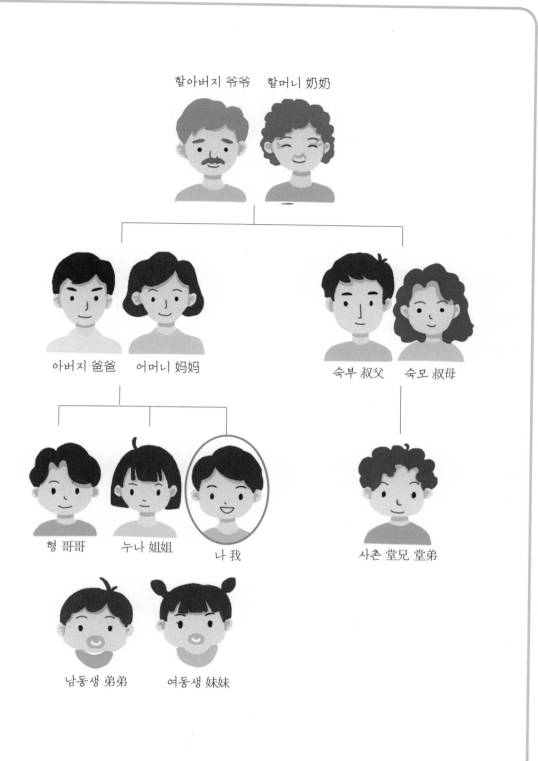

할아버지 爷爷　할머니 奶奶

아버지 爸爸　어머니 妈妈

숙부 叔父　숙모 叔母

형 哥哥　누나 姐姐　나 我

사촌 堂兄 堂弟

남동생 弟弟　여동생 妹妹

– 姑夫	고모부(姑母夫)	고모의 남편(한자어) '姑母'的丈夫(汉字语)
– 舅舅	외숙부(外叔父)	어머니의 남자 형제(한자어) 妈妈的兄弟(汉字语)
	외삼촌	'외숙부'의 한국식 한자 '舅舅'的韩国式表现
– 舅妈	외숙모(外叔母)	외숙부의 아내(한자어) 舅舅的妻子(汉字语)
– 姨母,姨	이모(姨母),	어머니의 여자 형제(한자어) 妈妈的姐妹(汉字语)
– 姨夫	이모부(姨母夫)	이모의 남편(한자어) 姨母的丈夫(汉字语)
– 兄弟	형제(兄弟)	남자 형과 남자 아우 男孩儿之间,哥哥和弟弟
– 姐妹	자매(姉妹)	여자 언니와 여자 동생 女孩儿之间,姐姐和妹妹
– 哥哥,哥	형(兄)	남동생이 손위 남자 형제를 부를 때 '弟弟'叫'哥哥'时
– 弟弟,妹妹	동생 (남동생, 여동생)	손위 형제, 자매가 손아래 형제,자매를 부를 때 哥哥或姐姐叫'弟弟'(남동생)或'妹妹'(여동생)时
– 哥哥,哥	오빠 #	여동생이 손위 남자 형제를 부를 때 '妹妹'叫'哥哥'时
– 姐姐,姐	누나, 누이 #	남동생이 손위 여자 형제를 부를 때 '弟弟'叫'姐姐'时
– 姐姐,姐	언니 #	여동생이 손위 여자 형제를 부를 때 '妹妹'叫'姐姐'时
– 兄妹,姐弟	남매(男妹)	오빠와 여동생(兄妹), 누나와 남동생(姐弟). '남매'表示'兄妹'或'姐弟'
	오누이#	오빠와 여동생의 고유 한국어 '兄妹'的固有韩语

'오빠', '누나, 누이', '언니', '오누이'는 한국어에서만 있는 말이다.
'오빠', '누나, 누이', '언니'和'오누이'是只在韩国才有的称呼。

– 堂哥，堂弟，堂姐，堂妹	사촌(四寸)	아버지의 형제 자매의 자녀 爸爸兄弟姐妹的孩子
– 表哥,表弟,表姐,表妹	외사촌(外四寸)	어머니의 형제 자매의 자녀 妈妈兄弟姐妹的孩子

참고 문헌 参考文献

허용 외 지음 《외국어로서의 한국어 교육학 개론》, 박이정, 2018

김남미 지음 《세상에서 가장 쉽고 재미있는, 친절한 국어 문법》, 나무의 철학, 2018

이봉원 지음 《언어 치료사를 위한 한국어 문법》, 학지사, 2018

이지은 지음 《우공비 중학 국어 한눈에 보는 문법》, 좋은책 신사고, 2019

김수학 지음 《EBS 문법》 2019

저자 약력 作者简历

서울대학교 공과대학 졸

전 삼성전자 메모리부문 사장

전 삼성모바일디스플레이 대표이사

전 삼성전자 의료기기부문 사장 겸 삼성메디슨 대표이사

현 국제한국어교육재단 이사

首尔大学工科大学毕业

前 三星电子存储器部门总经理

前 三星移动显示器公司代表

前 三星电子医疗器械部门总经理兼三星MEDISON代表

现 国际韩国语教育财团理事

한국어, 한눈에 쏙 1

2022년 3월 25일 제1판 1쇄 발행

지은이 / 조수인
펴낸이 / 강선희
펴낸곳 / 가림출판사

등록 / 1992. 10. 6. 제 4-191호
주소 / 서울시 광진구 영화사로 83-1 영진빌딩 5층
대표전화 / 02)458-6451 팩스 / 02)458-6450
홈페이지 / www.galim.co.kr
이메일 / galim@galim.co.kr

값 18,000원

ISBN 978-89-7895-432-7-13710